高齢者の生活困難と養護老人ホーム

尊厳と人権を守るために

河合克義
清水正美
中野いずみ
平岡　毅
編

法律文化社

はじめに

　本書は、老人福祉法上の「老人福祉施設」の１つである養護老人ホームの現状と今後のあり方を検討したものである。その際、私たち執筆者は、今日の高齢者が抱える生活上の諸困難に根ざすことを重視した。高齢者の生活実態とかけ離れた検討は、有効性をもたない。

　現代の養護老人ホームは、高齢者の生活諸課題のどのような問題に向き合うべきなのか。その基本として、私たちは高齢者の尊厳と人権を守ることを大切にしたいと考えている。高齢者の生活問題を総合的に認識することが大切ではないか。課題を部分的に切り取って対応するだけではすまない現実がある。

　2000年に介護保険制度がスタートしてから、高齢者福祉の基本的考え方として、行政による決定ではなく、国民の側から制度を主体的に選択できることがこれからの福祉の方向だといわれた。社会保険制度としての介護保険制度はその具体化であり、システムとして選択制、契約制が導入された。

　この流れのなかで、これまでの社会福祉である措置制度はあたかも時代遅れのものとみなされた。行政側の判断による措置は、国民の側のサービスの選択を妨げるといわれた。はたして高齢者の生活保障制度が、選択制、契約制を原理として高齢者の生活困難を解決できるのか。とりわけ注意したいことは、高齢者の介護問題は、高齢者の生活問題のすべてではない、一部分だということである。高齢者の尊厳が損なわれ、人権が侵害されるような問題が、介護保険制度対象外の高齢者のところで起こってきている。高齢者の孤独死や高齢者の虐待といった問題は、その典型である。介護保険制度で解決できる問題には限界があることは明確である。

　こうしたなかで、養護老人ホームの役割を再評価する動きが出てきている。例えば、2014年３月に一般財団法人日本総合研究所が発表した「平成25年度老人保健事業推進費等補助金 老人保健健康増進等事業 養護老人ホーム・軽費老人ホームの今後のあり方も含めた社会福祉法人の新たな役割に関する調査研究事業報告書」では、「介護保険制度施行後、高齢者福祉は介護保険制度を中心とした施策展開がなされてきている」なかで、養護老人ホームについては、軽

費老人ホームも含めて「生活困窮による生活保護受給者の増大や社会的に孤立する高齢者など、介護ニーズ以外の面で生活困難を抱える高齢者が増加している。これらの高齢者に対しては従来の枠組みでは十分な対応が難しく、制度の狭間に陥っている人々に適切な支援を行うことが求められている。また、今後の都市部における高齢者の増大を踏まえれば、質的な側面とともに量的な側面からの対応も求められている」（報告書、1頁）としている。

　また、2018年3月に、一般財団法人日本総合研究所が出した「平成29年度厚生労働省老人保健推進費等補助金 老人保健健康増進等事業 サテライト型養護老人ホーム等の展開に向けた基準のあり方等に関する調査研究事業報告書」も注目されてよい。この調査研究委員会のメンバーとして、本書の編者である清水正美、中野いずみ、河合克義が参加しているが、この検討委員会では、改めて養護老人ホームの意義と同時に、施設の課題、職員問題、さらには自治体の役割について議論された。報告書の最後に次のように自治体への要望を記した。

「介護保険制度以降、契約サービス主体となった高齢者福祉分野ではあるが、低所得・生活困窮状態の中で心身の疾患や家族問題等が重なり、社会生活が困難となる高齢者も少なくない。これらの高齢者に対して適切な支援をすることが基礎自治体の役割であり、措置制度はそのための手段のひとつである。自治体においては、措置制度への理解を深めるとともに制度の有効活用が求められる。」（報告書、96頁）

　養護老人ホームは全国に975施設ある（2018年3月）。現在、それらの施設で定員が満ちていない状態が続いている。養護老人ホームが対象とする高齢者の生活困難が減少した結果ならばよいが、現状はそうとはいえないのではないか。本書において、改めて養護老人ホームの意義、措置制度の役割を問いたいと思う。高齢者問題に関心をもつ研究者と学生、自治体職員そして高齢者領域の現場職員は、措置制度をめぐる現状と課題について本書を通して考えていただきたい。

　本書の構成は次の7章からなる。

第1章では、養護老人ホームが対象とする高齢者の生活困難の現実を分析した。今日の生活困難は、地域、家族、不安定な生活を背景に多様な現れ方をしていることに注目したい。問題を解決する視点は総合的であることが要求される。

　第2章では、養護老人ホームを歴史的に振り返り、その役割を再確認したい。特に措置施設としての養護老人ホームの強みと課題を述べる。

　第3章は、養護老人ホームの現状を、入所者の特性、建物・設備の現状、施設の機能について述べている。

　第4章は、養護老人ホームの取り組み事例を紹介した。4施設を掲載しているが、最後の1つは盲養護老人ホームである。施設の現場の報告であり、本書が研究者と現場との共同作業で作られた強みを示しているところでもある。

　第5章は、地方自治体における高齢者支援の実態をみるということで、地方自治体の高齢者支援の施策全体のなかで養護老人ホームをどのように位置づけ、支援業務を行っているかをみている。養護老人ホームの定員割れ問題もあり、自治体の措置の現実を紹介した。

　第6章は、養護老人ホームにおける相談・生活支援について述べている。施設での実践が目指すもの、2施設の事例を通した個別支援の展開や課題について述べた。

　最後の第7章は、高齢者の生活困難に立ち向かう養護老人ホームのあり方を、全体のまとめとして述べた。現実の高齢者が抱える問題から、これからの高齢者福祉政策の方向性を考えるとき、養護老人ホームは、依然として重要な役割を担っている。

　本書を通して、改めて養護老人ホームの現状そして福祉の措置の意義を考えていただければ幸いである。

　2019年7月

編者を代表して　　河合　克義

目　次

はじめに

1　高齢者の生活困難の現実 ………………………………………………………… 001

1　人口減少と高齢化　001

2　地域社会の不安定化と高齢者　002

3　世帯構造の変化と高齢者　006

4　生活基盤の不安定化と高齢者　010

　　東京都港区のひとり暮らし高齢者　　山形県のひとり暮らし高齢者　　都市と農村の
　　ひとり暮らし高齢者

5　高齢者の生活困難の現実をどうみるか　015

　　貧困・孤立問題　　高齢者の生活困難と措置

2　養護老人ホームの歴史的変遷と位置づけ ……………………………… 019

はじめに　019

1　養護老人ホームの歴史的な変遷　020

　　第 1 期：老人福祉法制定から1970年代まで―施設整備と在宅福祉　　第 2 期：1980年
　　代―制度の激変期　　第 3 期：1990年代―在宅施策の重視と保険方式の検討　　第 4
　　期：2000年代―介護保険制度と措置制度　　第 5 期：2010年代―養護老人ホームの現
　　代的あり方の検討

2　養護老人ホームの変遷における 4 つの転換点　026

　　養護老人ホームの新設をしない：1976年　　社会福祉基礎構造改革と介護保険制度の
　　創設　　三位一体改革による一般財源化　　養護老人ホームへの措置要件の改正と介
　　護保険給付の適用

3　措置施設としての養護老人ホームの強みと課題　030

　　措置施設としての養護老人ホームの強み　　措置施設としての養護老人ホームの課題

3 **養護老人ホームの現状** ………………………………………… 043

1 入所者の傾向と支援ニーズ　043

多様化する高齢者の住まいのなかで　養護老人ホームの設置状況と措置率　入所者の概況　相談・生活支援に関わる職員とその役割　養護老人ホームにおける介護ニーズへの対応　精神障害をもつ入所者の増加とその社会的背景　虐待からの保護の受け入れ

2 建物・設備の現状　059

3 施設としての機能、社会資源としての価値　060

養護老人ホームにおける介護保険制度の利活用　３つの類型　３つの類型のメリットとデメリット　基本的な職員体制（配置基準と職種）　養護老人ホームとしての機能と社会資源としての価値

4 **養護老人ホームの取り組み事例** …………………………… 073

■ 聖ヨゼフ・ホーム：お一人おひとりに“福祉”を届けるという携わり　074
■ アオーラ而今：養護老人ホームが福祉の未来を切り開く　085
■ かるな和順：養護老人ホームだからこそできること、すべきこと　092
■ 慈母園：思いやりの心を広く、深く　100

5 **地方自治体と高齢者** ………………………………………………… 111

■ 東京都葛飾区における高齢者支援　112
■ 奈良県御所市における高齢者支援　121
■ 熊本市における高齢者支援　129
■ 熊本県合志市における高齢者支援　134
■ 一般財源化の影響と対応　139

6 **養護老人ホームにおける相談・生活支援** ……………… 147

1 居住型福祉施設としての実践が目指すもの　147

はじめに　相談・生活支援における個別理解の視点　生活の場をベースにしたソーシャルワークとケアワーク　生活の場を整える支援　プランニングから支援の展開へ

目　次　v

2 個別支援の展開：施設における実践から　　153

　1 白寿荘における個別支援　153

　　施設の概要とパッケージプラン活用について　　事例：喫煙の習慣をめぐって、個人
　　の尊厳を守り日常生活を支援したケース

　2 洛南寮における個別支援　165

　　施設の基本情報　　当施設での「処遇計画」と「特定施設サービス計画書」について
　　事例：うつ病から認知症を発症、重介護となり特別養護老人ホームに移行したケース

3 まとめ　176

　　2 事例が提示する相談・生活支援の課題　　支援計画

7 高齢者の生活困難に立ち向かう養護老人ホーム ················ 181

1 養護老人ホームの措置　181

　　養護老人ホームの措置　　地方自治体における措置の実態

2 高齢者福祉政策の総合化　185

　　介護保険制度の導入、措置から契約へ　　高齢者福祉施策の縮小と求められる政策の
　　総合化

3 高齢者の生活困難と介護問題　189

4 高齢者の生活困難に立ち向かう養護老人ホーム　191

あとがき

巻末資料：老人福祉法（抜粋）、養護老人ホームの設備及び運営に関する基準（抜粋）

1 高齢者の生活困難の現実

① 人口減少と高齢化

　わが国は、2008年以降、人口減少の傾向が続いている。わが国の総人口は2017年10月１日現在、１億2671万人であり、高齢化率は27.7％となっている。

　国立社会保障・人口問題研究所の「日本の将来推計人口（2017年推計）」における出生中位・死亡中位推計結果（2017年４月）によれば、2015年の日本の総人口は同年の国勢調査で１億2709万人であった。出生中位推計の結果に基づけば、この総人口は、以後長期の人口減少過程に入る。2040年の１億1092万人を経て、2053年には１億人を割って9924万人となり、2065年には8808万人になると推計されている。

　65歳以上人口は、「団塊の世代」が75歳以上となる2025年には3677万人に達すると見込まれている。その後も65歳以上人口は増加傾向が続き、2042年に3935万人でピークを迎え、その後は減少に転じるとされている。しかしながら総人口が減少するなかでも、高齢化率は上昇を続け、2036年には33.3％、2065年には38.4％になり、総人口に占める75歳以上人口の割合は25.5％と推計されている。

　こうした人口減少傾向のなかでの地域と自治体のあり方を検討した総務省の「自治体戦略2040構想研究会」の報告書が話題になっている。2018年４月に第１次報告、同年７月に第２次報告が出された。この自治体戦略2040構想は「2040年頃にかけて迫り来る我が国の内政上の課題」として、次の３つを掲げている。第１は「若者を吸収しながら老いていく東京圏と支え手を失う地方圏」、第２は「標準的な人生設計の消滅による雇用・教育の機能不全」、第３は「スポンジ化する都市と朽ち果てるインフラ」である。東京圏のみならず地方においても大きな地域の変化を予測し、それへの対応を自治体に求める内容に

001

なっている。

そこで「自治体行政の今後の基本的方向性」として求めているものが、「個々の市町村が行政のフルセット主義を排し、圏域単位で、あるいは圏域を超えた都市・地方の自治体間で、有機的に連携することで都市機能等を維持確保すること」、また「人口減少が先行して進んできた県においては、県が市町村と一体となって様々な施策を展開して地域を守ろうとする動きが顕著になっている。都道府県・市町村の二層性を柔軟化し、それぞれの地域に応じた行政の共通基盤の構築を進めて行くことも必要になる」（第1次報告）という。

このように、人口減少の過程のなかで、地方自治体行政の広域化・連携、公共施設の再配置＝整理統合、さらには「新しい公共私の協力関係の構築」を自治体が「プラットフォーム・ビルダー」として担うことを提案している。なお、この報告書を受け、その具体化のために第32次地方制度調査会が2018年7月に設置された。このように高齢者人口がピークを迎える2040年頃から現在をみて、今から地域と自治体を大きく変えていこうとする議論が行われているのである。

地域社会のあり方は、高齢者の生活に大きな影響を与える。地域ネットワークは、生活の支えにもつながっている。ここでは、まず、わが国の地域社会の状態を眺めてみたい。しかし、生活に影響するものとして、地域社会の要素だけでなく、その他の要素も考えなければならない。そこで、家族ネットワーク、高齢者世帯の経済状況、そして問題に対応する行政施策の現状についてもみてみたい。

② 地域社会の不安定化と高齢者

わが国は、地域格差の大きい国である。

日本のカロリーベース食料自給率の推移をみると、1965年には73％であったものが、70年には60％となり、75年から10年間は50％台、90年からは40％台となり、2015年には39％となっている。この食料自給率について諸外国と2013年現在で比較をすると、自給率の高い方からカナダが264％、オーストラリアが223％、アメリカが130％、フランスが127％、スペイン・ドイツは90％台、イ

ギリスやイタリアが60%台、韓国は42%で、日本は39%となっている。自給率の高いこれらの国で明らかなことは、当然ながら農業が日本より元気だということである。筆者はフランスとの比較研究も行っているが、フランスの農村地帯は日本より活気があり、人口の定住状況も大きく異なっている。そして小さな自治体が元気なのである。

　筆者は日本の都市と農村そして離島の高齢者調査を行ってきたが、大きな傾向として、地方では地域経済の衰退が若者の流出をもたらし、過疎化と高齢化を進行させている。**図表1**は、2017年4月現在の都道府県別過疎市町村数の割合をみたものである。過疎市町村数の割合が最も高い県は鹿児島県で81.4%、次いで北海道が80.4%、島根県が78.9%となっている。島根県、秋田県、高知県は70%台、大分、岩手県が60%台と続く。反対に割合が低い方は、大阪府が2.3%、神奈川県が3.0%、埼玉県が3.2%となっている。なお、東京都は15.4%である。大きくは大阪圏、名古屋圏、東京圏を中心に人口が集中し、その他の地域では過疎市町村の割合が高くなっている。

　このような過疎地では地域社会の不安定化と高齢化が進行しているが、その実態はどのようなものなのだろうか。

　図表2は、都道府県別に高齢化率の推移をみたもので、2017年の高齢化率と2045年の推計高齢化率を挙げ、その伸びの高い方から並べたものである。高齢化率の伸びの高い都道府県は、青森県が15.0ポイントと最も高く、次いで秋田県が14.5ポイント、福島県が14.0ポイント、山梨県が13.2ポイント、宮城県が13.1ポイント、北海道が12.1ポイントとなっている。逆に低い地方は、島根県が5.9ポイントで最も低い。次いで山口県と岡山県がともに6.3ポイント、広島県6.6ポイントと続く。

　他方、注目したいのは、2045年時点での推計で高齢化率が40%以上の県のなかで、高齢化の伸びが低い県の存在である。例えば高知県は、高齢化率の伸びが8.5ポイントであり、下位から14番目に位置している。この伸びが低いのは、2017年時点ですでに高齢化率が高いことによる。同様のことが富山県、宮崎県、徳島県、長崎県等にもいえる。伸びのポイントが低い地域ということで無視できない問題があると思われる。秋田県は2045年に高齢化率が50%を超える予測がされているが、基礎自治体レベルでは、すでに50%を超える高齢化率

1　高齢者の生活困難の現実　　003

図表1　都道府県別過疎市町村数の割合（％）

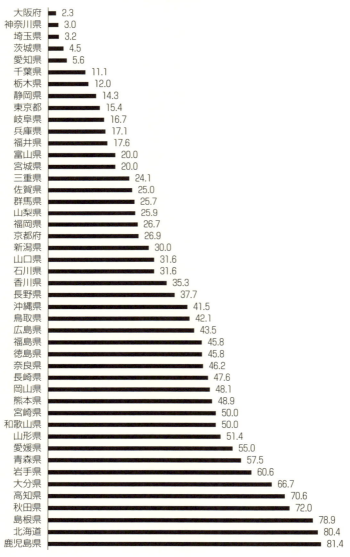

都道府県	％
大阪府	2.3
神奈川県	3.0
埼玉県	3.2
茨城県	4.5
愛知県	5.6
千葉県	11.1
栃木県	12.0
静岡県	14.3
東京都	15.4
岐阜県	16.7
兵庫県	17.1
福井県	17.6
富山県	20.0
宮城県	20.0
三重県	24.1
佐賀県	25.0
群馬県	25.7
山梨県	25.9
福岡県	26.7
京都府	26.9
新潟県	30.0
山口県	31.6
石川県	31.6
香川県	35.3
長野県	37.7
沖縄県	41.5
鳥取県	42.1
広島県	43.5
福島県	45.8
徳島県	45.8
奈良県	46.2
長崎県	47.6
岡山県	48.1
熊本県	48.9
宮崎県	50.0
和歌山県	50.0
山形県	51.4
愛媛県	55.0
青森県	57.5
岩手県	60.6
大分県	66.7
高知県	70.6
秋田県	72.0
島根県	78.9
北海道	80.4
鹿児島県	81.4

注：2017年4月1日現在。滋賀県はデータがないため、除いてある。
出典：全国過疎地域自立促進連盟のホームページのデータから作成。

図表2　都道府県別高齢化率の推移

	2017年高齢化率（%）	2045年高齢化率（%）	高齢化率の伸びポイント		2017年高齢化率（%）	2045年高齢化率（%）	高齢化率の伸びポイント
青森県	31.8	46.8	15.0	長崎県	31.3	40.6	9.3
秋田県	35.6	50.1	14.5	京都府	28.6	37.8	9.2
福島県	30.2	44.2	14.0	徳島県	32.4	41.5	9.1
山梨県	29.8	43.0	13.2	滋賀県	25.3	34.3	9.0
宮城県	27.2	40.3	13.1	大阪府	27.2	36.2	9.0
北海道	30.7	42.8	12.1	宮崎県	31.1	40.0	8.9
茨城県	28.3	40.0	11.7	富山県	31.6	40.3	8.7
岩手県	31.9	43.2	11.3	福井県	29.8	38.5	8.7
山形県	32.2	43.0	10.8	愛知県	24.6	33.1	8.5
奈良県	30.3	41.1	10.8	高知県	34.2	42.7	8.5
長野県	31.1	41.7	10.6	石川県	28.8	37.2	8.4
兵庫県	28.3	38.9	10.6	福岡県	27.1	35.2	8.1
群馬県	28.9	39.4	10.5	佐賀県	29.2	37.0	7.8
神奈川県	24.8	35.2	10.4	東京都	23.0	30.7	7.7
沖縄県	21.0	31.4	10.4	鳥取県	31.0	38.7	7.7
鹿児島県	30.8	40.8	10.0	和歌山県	32.2	39.8	7.6
栃木県	27.4	37.3	9.9	大分県	31.8	39.3	7.5
埼玉県	26.0	35.8	9.8	香川県	31.1	38.3	7.2
静岡県	29.1	38.9	9.8	熊本県	30.1	37.1	7.0
新潟県	31.3	40.9	9.6	広島県	28.6	35.2	6.6
岐阜県	29.3	38.7	9.4	岡山県	29.7	36.0	6.3
愛媛県	32.1	41.5	9.4	山口県	33.4	39.7	6.3
千葉県	27.1	36.4	9.3	島根県	33.6	39.5	5.9
三重県	29.0	38.3	9.3				

注：2017年は総務省「人口推計」、2045年は国立社会保障・人口問題研究所「日本の地域別将来推計人口（2018年推計）」

出典：内閣府『平成30年版高齢社会白書』の表から作成。

となっているところも出てきている。このことにも注意を向けたい。

　2015年の国勢調査で高齢化率が50％前後の自治体の状況をみてみよう。高知県大豊町は高齢化率が55.9％、ひとり暮らし高齢者の出現率（高齢者のいる世帯

1　高齢者の生活困難の現実　005

に占める単身高齢者の割合）が43.3％で、全国の自治体のなかで上から42番目に位置する。

北海道上砂川町の高齢化率は47.5％、ひとり暮らし高齢者の出現率は44.1％で、上から35位にある。

高齢化率がほぼ同じ47.4％の奈良県下北山村は、ひとり暮らし高齢者の出現率は50.2％、全国自治体中の順位は上から10位と高い。

下北山村、大豊町、上砂川町とも高齢者世帯のなかで単身高齢者がすでに5割から4割半となっている。その生活の実態が気になるところである。

③ 世帯構造の変化と高齢者

次に、世帯構造の変化と高齢者についてみてみたい。全世帯に占める65歳以上の者がいる世帯の割合は、1980年には24.0％であったが、1990年で26.9％、2000年で34.4％、2016年で48.4％と約5割にまで増加してきている。

この高齢者のいる世帯の世帯構成の年次推移をみたものが図表3である。まず、三世代世帯が、1980年に50.1％であったものが、2016年には11.0％に減少している。他方、夫婦のみ世帯が、1980年に16.2％であったものが、2016年に31.1％に増加している。単身世帯については、1980年に10.7％、2016年には27.1％となっている。また親と未婚の子のみの世帯は、1980年10.5％であったが、2016年には20.7％となった。

ひとり暮らしの高齢者が1割から3割に増加していることに注目したい。また昨今、「80・50問題」がいわれている。それは、「高齢の親と未婚の子どもの世帯」に関わる問題のことだが、前述のとおり、こうした世帯の割合が1980年当時より2倍になり、今や全体の2割を占めるようになっている。

2010年にみえてきた所在不明高齢者問題も子ども世代の生活基盤がぜい弱であることを示した。その問題の端緒は、2010年7月に、東京都足立区で生きていれば111歳の男性が自宅で白骨化して発見されたことであった。この男性が亡くなったのは30年前で、同居していた家族が、この男性（父親）を生きていることにして年金を受け続けていたのである。いわゆる所在不明高齢者問題である。2010年8月5日付けの朝日新聞は、同社の調べで所在がわからない全国

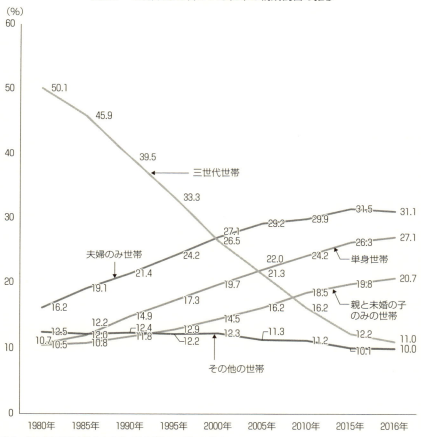

図表3　65歳以上の者のいる世帯の構成割合の推移

出典：『平成30年版高齢社会白書（全体版）』8頁より作成。

の100歳以上の高齢者が31人いると報道した。そして厚生労働省は、2010年8月27日、日本全体で所在不明高齢者が100歳以上で271人、80歳以上で800人いると発表した。

　こうした所在不明高齢者問題は、次の2つの問題をもつ。第1は、高齢者と子どもとの同居世帯において、子どもの収入が十分でなく、親の年金を当てに暮らしている現実が見えてきたことである。第2は、高齢者のいる種々の同居

世帯から高齢者が家を出て、所在がわからなくなっている現実があることである。特に後者の高齢者の「家出」問題は、深刻な課題を提起した。以下に示す5事例は杉並区で2012年に把握された「所在がわからなくなっている杉並区の75歳上の高齢者」である。住民票の家に住んでいる人が区職員に話した不在の状況だが、いずれも家族等が「行き先がわからない」状態のままに過ごしている現実がある。

・94歳　男性：息子という男性「2年以上前にいなくなった。どこに行ったかはわからない」
・83歳　女性：娘「（別の）娘と一緒に外国に行ったが、行き先はわからない」
・79歳　男性：知人という女性「以前は住んでいたが、今はどこに行ったかわからない」
・76歳　男性：おいという男性「40年以上前からどこに行ったかわからない」
・76歳　男性：妻という女性「2年前、警察に、捜索願を出した」

（杉並区保健福祉部高齢者在宅支援課の調査に基づいて作成）

　家族関係の課題もあるものの、住民票をそのままにして住所不明になっている高齢者が、全国的に一定数いるのではないか。所在不明高齢者問題は、親の年金を頼りに暮らさざるをえない子ども世代の貧困と孤立を浮き彫りにしたのである。さらには、子どもによる高齢の親への経済的虐待があり、また問題が深刻化し2人の関係が悪化、親が家を出るようなケースも出てきている。

　筆者は、2012年に東京都港区で「75歳以上の高齢者を含む2人世帯の生活に関する調査」に関わった。調査主体は港区政策創造研究所（所長：筆者）である。調査対象は、2012年8月10日現在で、港区に住む75歳以上の高齢者を含む2人世帯全数5206ケースである。抽出は住民票によって行った。調査時点は2010年9月である。有効回収数は2680ケース、有効回収率は51.5％であった。

　調査結果を若干紹介しよう。まず、世帯類型では、夫婦世帯が75.4％と最も割合が高いが、親子世帯が19.3％であった。性別についてみると、親の性別は、男性が12.9％、女性が85.7％であり、母親と子どもが同居する世帯が多いことがわかる。子どもの性別については、男性が40.7％、女性が58.5％であっ

た。息子との同居よりも、娘との同居の方がやや多いということがわかる。

本調査の対象は、世帯員のどちらかが75歳以上であることから、親は全員が75歳以上である。その内訳は、「75歳以上80歳未満」が3割、「80歳以上85歳未満」が3割弱、「85歳以上90歳未満」が2割半であった。子どもは、「50歳以上55歳未満」が2割、「45歳以上50歳未満」、「55歳以上60歳未満」、「60歳以上65歳未満」がそれぞれ17～18％を占めた。

なお、平均年齢は、親が83.6歳、子どもが54.8歳であった。親が80歳代、子どもが50歳代であり、昨今のいわゆる「80・50問題」という表現は港区においてもいえる。

図表4は、親子世帯の年間収入についてみたものである。最も割合が高かったのは「300万円以上500万円未満」で18.1％を占めた。年間収入が200万円未満の世帯は、全体の28.6％を占めている。

夫婦世帯の年間収入をみると、最も割合が高かったのは「300万円以上500万円未満」で26.2％となっている。「300万円以上500万円未満」の層においては、夫婦世帯の方が親子世帯よりも8.1ポイント多い。また、夫婦世帯の場合、年間収入が200万円未満の世帯は全体の15.9％である。これは、親子世帯より

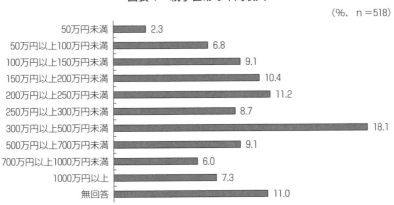

図表4　親子世帯の年間収入

注：無回答を除く。
出典：『港区における75歳以上の高齢者を含む2人世帯の生活に関する調査報告書』2013年、港区政策創造研究所。

1　高齢者の生活困難の現実

12.7ポイント少ない（『港区における75歳以上の高齢者を含む２人世帯の生活に関する調査報告書』2013年、港区政策創造研究所、参照）。

このように、親子世帯の方が夫婦世帯よりも経済的に不安定な世帯が多いことがわかる。

４ 生活基盤の不安定化と高齢者

高齢者の生活にとって経済的問題は重要な要素である。高齢者世帯の主な収入は年金であるが、とりわけ単身になると年金額は低下し、経済的基盤が不安定となる。経済的に弱い立場にあるひとり暮らし高齢者の生活の安定を考えることは、その上に連なる者の生活の予防になることを踏まえ、ここではひとり暮らし高齢者の生活をみてみたい。

筆者は、ひとり暮らし高齢者を中心とした高齢者の生活実態を地域調査を通して把握してきた。調査は、自治体単位に南は沖縄から北は北海道まで実施してきた。主な調査地域を挙げれば、沖縄県宮古島市、沖縄県読谷村、神奈川県大井町、神奈川県横浜市鶴見区、東京都中野区、東京都港区、東京都葛飾区、東京都江東区、千葉県君津市、長野県高遠町、山形県全市町村である。

ここでは、都市部の例として東京都港区での調査と、農村地域の例として山形県での調査を紹介し、ひとり暮らし高齢者の生活の現実をみてみよう。

⑴ 東京都港区のひとり暮らし高齢者

港区は都心にあり、2018年１月１日現在の人口は25万3639人、世帯数は14万3898世帯となっている。港区は、財政的には日本のなかでもとりわけ豊かな自治体である。港区の高齢者人口割合は2018年１月１日現在で17.5％となっている。東京の23区のなかでも年齢は若い地域である。港区全体としては、大企業の本社も多く、経済的には活気のある区といえるが、高齢者の生活状況と孤立の点では多くの課題を抱える地域でもある。

港区のひとり暮らし高齢者の出現率については、全自治体中の割合の高い方から、1995年123位、2000年37位、2005年13位（都内で島嶼部を除いて第１位）、2010年38位、2015年54位となっている（国勢調査のデータを筆者が再集計）。港

区は、全国的にみてもひとり暮らし高齢者の住む割合が高い地域なのである。

　港区におけるひとり暮らし高齢者について、筆者は、過去3回の調査に中心的に関わってきた。

①　1995年調査(悉皆調査)——調査主体：港区社会福祉協議会

②　2004〜2005年調査(40％抽出調査と訪問面接調査)——調査主体：港区社会福祉協議会

③　2011年調査(悉皆調査と訪問面接調査)——調査主体：港区政策創造研究所（所長は筆者）

以下では、港区の2011年調査で明らかになったことのいくつかを紹介したい。

　ひとり暮らし高齢者の男女比は、全国的には女性が多い。65歳以上高齢者の男女比は、全国平均では男性4割、女性6割であるが、ひとり暮らし高齢者となると、男性が3割、女性が7割となる。港区のひとり暮らし高齢者の男女比は、2011年調査では男性2割（19.2％）、女性8割（78.9％）と、女性のひとり暮らし高齢者の割合が全国平均よりも高い。

　年齢構成については、傾向として後期高齢者が増えてきている。1995年調査では、前期高齢者と後期高齢者の割合は6対4であったが、2011年調査では4対6と後期高齢者の方が多くなり、割合は逆転した。今後さらに後期高齢者が増加することが予測されている。港区の高齢者全体では、2018年に後期高齢者の割合が前期高齢者よりも高くなっている。

　住宅については、一般に都市ほど持ち家率が低い傾向があるが、港区のひとり暮らし高齢者の場合、1995年時点では、持ち家は42.3％と4割程度であったが、2011年には53.5％と5割強となっている。持ち家の中身も1995年には一戸建ての持ち家が2割あったが、2011年には1割半（16％）に減少し、他方、分譲マンションに住む高齢者が増加している。また、1995年には2割半近くの高齢者が民間の賃貸住宅に住んでいたが、徐々に減少し、2011年では1割半（15.9％）になっている。都営・区営住宅については1995年から2011年まで変わらず約2割を占めている。URの賃貸住宅は、2011年で5％程度である。公営住宅が2割半を占めていることは特徴的である。全国的にみて、公営住宅が2割を超える都市は多くはない。

　港区のひとり暮らし高齢者の年間収入をみると、最も高い割合を示すのは

1　高齢者の生活困難の現実　　011

「200万円以上400万円未満」で29.4％、「150万円以上200万円未満」が19.3％、「100万円以上150万円未満」が18.8％、「400万円以上」が14.3％となっている。生活保護基準程度である年間150万円未満の者は37.0％と４割弱となっている。ここで問題にしたいのは、生活保護基準相当額以下で生活する者の割合である。生活保護を受給すると各種減免があるので、生活保護を受給していない高齢者において、生活保護基準相当額を200万円とすると、この200万円未満のひとり暮らし高齢者は全体の56.3％となる。筆者は、日本全体をみて、ひとり暮らし高齢者で経済的に不安定な層は半数程度になると推定している。

(2)　山形県のひとり暮らし高齢者

　港区でのひとり暮らし高齢者の悉皆調査を実施したのは2011年であったが、同じ年に山形県下の全市町村においてひとり暮らし高齢者の実態調査を実施する機会を与えられた。調査の主体は山形県民生委員児童委員協議会であるが、調査の設計から集計、分析、報告書の作成まで筆者が山形県民生委員児童委員協議会と共同で行った。

　この調査の対象は、山形県下の全市町村の実質ひとり暮らし高齢者の20％抽出調査である。有効回収率は94.8％であった。地元の民生委員児童委員が直接、ひとり暮らし高齢者の世帯を訪問し、調査票を配布・回収した。高い回収率であり、また県下の全自治体を網羅したものであること、さらに農山村を含む地方の実態を知ることができる貴重なデータといえる。この調査によってみえてきた山形県のひとり暮らし高齢者の実態を紹介しよう。

　性別については、男性が22.3％、女性が76.0％と、女性の割合が高く、全体の約７割半強となっている（無回答1.6％）。

　年齢については、最も割合の高い年齢階層は「75歳以上80歳未満」で29.0％、次いで「80歳以上85歳未満」が27.0％、「70歳以上75歳未満」が18.6％となっている。「90歳以上」は3.0％であった。前期高齢者（65歳以上74歳まで）は27.5％、後期高齢者（75歳以上）は71.4％と、すでに後期高齢者が７割を占めている。

　住宅の種類については、「持ち家」が89.5％、「民間賃貸住宅」が7.0％、「県市町村住宅」が2.7％となっている。このように持ち家率が９割を占めている

が、持ち家率が高いのは農山村の特徴である。他方、公営賃貸住宅に住む人が3％弱と少ないことも地方の特徴といえる。

さて、年間収入をみてみよう。割合が高い方から「200万円以上400万円未満」が21.6％、「150万円以上200万円未満」が20.1％、「50万円以上100万円未満」が19.1％となっている。注目したい点は、「50万円未満」層が9.7％いることである。年間50万円ということは、月4万円程度となる。持ち家に住み、周りの畑で野菜を作りつつも、収入が月4万円しかないひとり暮らしの生活は、文化的な生活の要素が欠けていることがみえてきた。収入100万円未満で合計すると28.8％となり、全体の約3割弱を占めている。また120万円未満で合計すると、その割合は44.1％と全体の4割半となる。

山形県の生活保護基準額は年間120万円程度である。すでに述べた生活保護基準相当額を山形県で設定するとほぼ150万円となる。そこで、この生活保護基準相当額150万円未満を合計すると、その割合は56.6％となった。

他方、山形県全体で400万円以上の者は1.6％であった。なお、港区の場合、400万円以上は14.3％となっている。

⑶　都市と農村のひとり暮らし高齢者

都市部と農村地域では、ひとり暮らし高齢者の生活も異なる。特に大きな違いとして、高齢化が農村地域の方が進行していることは、すでに触れた。実際に山形県と港区を比較した場合、その差は明らかである。**図表2**に示したように、2017年時点で、山形県全体の高齢化率は32.2％であるのに対し、東京都のそれは23.0％である。港区における高齢化率は、2018年で17.5％となっている。

また、住宅の持ち家率は、都市部よりは地方の方が高く、山形県の持ち家は9割（89.5％）を占めているのに対し、港区は5割（52.8％）である。ところが、公営賃貸住宅については、地方の方が割合は低い。山形県で2.7％、港区で26.6％となっている。

病気などで体が不自由な時に来てくれる人がいない、すわなち、緊急時の支援がいない人については、山形県では支援者がいない人が5.7％であるのに対し（無回答2.3％）、港区では16.7％となっている（無回答3.5％）。都市部と農山

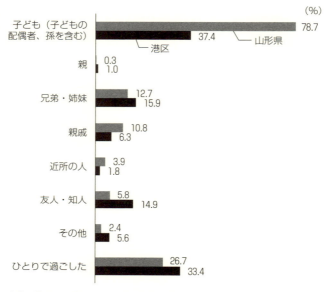

図表5　港区と山形県のひとり暮らし高齢者の正月三が日を過ごした相手（複数回答）

出典：港区と山形県のひとり暮らし高齢者調査（2011年調査）

村で、緊急時の支援ネットワークについては大きな差がある。この緊急時の支援者がいない状態は、明らかに孤立しているとみることができるが、この指標について、筆者は孤立を低く見積もった値と考えている。

　子どもや親族との関係をみるための指標として、筆者は、正月三が日を誰と過ごしたかという設問を調査票においてきた。図表5は、正月三が日を過ごした相手をみたものであるが（複数回答）、山形県では、子どもが78.7％となっているのに対し、港区は37.4％であり、その差は41.3ポイントもある。ただし、正月三が日をひとりで過ごした人は、山形県で26.7％、港区で33.4％となっている。注目したいことは、正月をひとりで過ごすひとり暮らし高齢者は、都市と農山村という違いを超えて3割前後いるということである。日本は、これまで家族関係がしっかりしていると考えられてきたが、いま、そのネットワークに大きな変化が起こってきている。このネットワークの変化の背景には、高齢

者世帯の構成変化だけではなく、地域社会の変化、親世代と子ども世帯の経済的基盤の変化等がある。

　もう１つ強調したいことは、都市と農村という２つの地域の違いを超えて、貧困に直面するひとり暮らし高齢者の量が同じ割合であるということである。前述のとおり、港区の生活保護基準相当額200万円未満が56.3％であったのに対し、山形県の生活保護基準相当額150万円未満が56.6％であった。ひとり暮らし高齢者のなかで、経済的にも困難を抱える人が、大都市と農村という地域の違いを超えて５割半いるのである。筆者は、全国レベルでみて都市と農村の違いを越えて、ひとり暮らし高齢者の半数強が貧困問題に直面していると考えている。

⑤ 高齢者の生活困難の現実をどうみるか

(1) 貧困・孤立問題

　高齢者の生活上の諸困難は、多くの側面をもつ。ここでは、地域社会、世帯構成そして生活基盤としての経済的要素の面から、ひとり暮らし高齢者の生活をみてきた。高齢者の生活困難をみる際に、難しいことは経済的に困難を抱える人ほど孤立する傾向をもっていることである。親族ネットワーク、地域ネットワークが希薄な人は、問題が潜在化してなかなかみえない。高齢者の潜在化している問題・孤立問題を発見する視点が大切である。

　社会的孤立は、阪神・淡路大震災以降、社会問題として表面化してきた。高齢者を中心とした「孤独死」が後を絶たない。東京都監察医務院の「事業報告」をみると、東京23区での65歳以上の孤独死（ひとり自宅で死亡）の数は、2002年に1364人、2008年に2211人、2012年に2733人、2014年に2885人、2015年に3116人そして2017年には4150人と増加してきている。

　ところで、2011年から新たな保険が生まれている。それが「孤独死保険」である。被保険者は賃貸住宅の家主である。「日本少額短期保険協会」の「第3回孤独死現状レポート」（2018年３月）によれば、2015年４月から2018年２月までの間に孤独死保険が支払われた件数は2076件となっている。このレポートでは、孤独死を「自宅内で死亡した事実が死後判明に至った１人暮らしの人」と

図表6　発見までの日数と男女比

(%, n=1526)

	3日以内	4〜14日	15〜29日	30〜89日	90日以上	平均（日）
全体	39.8	28.8	14.9	14.3	2.2	17
男性	37.5	29.4	15.5	15.2	2.3	18
女性	48.5	25.4	12.2	10.2	2.3	15

出典：一般社団法人日本少額短期保険協会孤独死対策委員会「第3回孤独死現状レポート」2018年3月

定義している。同レポートによると、孤独死の男女比率は、男性が82.0％、女性が18.0％と男性が8割以上を占める。しかし死亡時の平均年齢は男女とも60歳であり、男女に違いがない。

　図表6は発見までの日数と男女比をみたものである。発見日数は、全体の平均が17日であるが、15日以上の合計をみると31.4％、30日以上の合計は16.5％となる。

　この「孤独死保険」の被保険者は賃貸住宅の家主であり、孤独死は賃貸住宅の中で起こっていることである。多くの餓死や孤独死は潜在化しており、実際の発生件数の把握は困難である。ただし、いくつかの機関や組織が孤独死の数の把握をして公表している。その1つとして UR 都市機構がある。UR の賃貸住宅において1人で亡くなった方のデータを発表しており、1999年度には全国で207人であったが、2009年度には665人と増加してきている。ところが、UR 都市機構は2009年に定義を見直した。新定義では「1週間超えて発見されなかった事件」のみを孤独死とすることとなった。この定義では「1週間を超えて」となっているので、発見時期を8日目からカウントすることになるのであろうか。7日目に発見されたケースと8日目に発見されたケースで何が違うのであろうか。新しい定義で集計すると、2009年度では孤独死の数は650人から169人に減少し、翌2010年度は184人となる。この2010年度から、UR 都市機構は新定義による孤独死の数の公表のみとなっている。

　また、2010年に NHK が行った無縁社会キャンペーンの一環で孤独死の数が報道された。2010年1月31日に放映された「無縁社会—無縁死3万2000人の衝撃」のために、NHK は全国の自治体に電話調査を実施し、行旅死亡人で葬祭費を支出した人の数を調査した。その結果、自治体が葬祭費を支出した人数は

（親戚その他に連絡して引き取られた人を除いて）、全国で３万2000人となった。NHKの取材班の話によれば、この調査の回収率が70％であること、また親族その他に引き取られた人は除かれていることからすると、この数字は控え目なものであるとのことである。とはいえ、この３万2000人の孤独死は、衝撃の数字であり、大きな反響があった。

　こうした孤立状態にある高齢者の生活困難を適切に把握することが求められる。困難なのは、自分の困り事を積極的に話す人は少ないということ、困れば困るほど、そのことを隠そうとするのが一般的な傾向ではないだろうか。生活困難の実態は、何もしないで向こうからやってきて、課題が自然にみえてくるというものではない。

(2)　高齢者の生活困難と措置

　高齢者の生活上の諸困難は、多面的である。制度・政策も多面的課題に対応したものでなければならない。しかし、わが国の高齢者関係の制度・政策は、2000年の介護保険制度がスタートしてから、介護問題への対応策が中心的に展開されてきた。介護保険サービスの対象はかなり広がってきているのは事実であるが、中心は介護認定を受けた人を対象にしている。

　高齢者問題の１つである孤独死は、介護保険サービスの非利用者のところで起こっている。高齢者の孤立と貧困は、介護問題とは次元が異なるのである。そもそも高齢者の生活困難全体のなかで、介護問題は一部分である。高齢者が抱える問題は介護問題のみではない。それゆえ、高齢者の生活困難全体を把握することが必要なのである。

　問題を抱えて苦しむ人ほど、自分の問題が何であるのかを自覚していない。あるいは諦めていることも多い。自らの問題を制度に結びつけて要求する人はごく少ないのではないか。

　介護保険の制度設計段階では、福祉の措置は古い制度だといわれた。行政が一方的に判断するシステムは時代遅れだとされた。この流れのなかで養護老人ホームは、苦境に立たされることとなった。とはいえ、養護老人ホームは今日まで存続してきている。今日の高齢者の生活困難の現実から、改めて措置の重要性が見直されなければならない。養護老人ホームの現代的存在意義を問うこ

1　高齢者の生活困難の現実　　017

とが求められている。

2 養護老人ホームの歴史的変遷と位置づけ

はじめに

養護老人ホームの源流をどこまで遡るかを定めるのは難しいが、1895（明治28）年に「養老院」という名称で、女性高齢者だけの保護を始めた施設「聖ヒルダ養老院」がその嚆矢といえる。この施設は、イギリス人エリザベス・ソーントンが東京市芝区に開設した。

その後、1899（明治32）年に友愛養老院（神戸養老院）、1901（明治34）年に名古屋養老院、1902（明治35）年に大阪養老院、1903（明治36）年に東京養老院、前橋養老院等が開設されていった。

『老人福祉施設協議会五十年史』によれば、当時設立された複数の養老院の趣意書には共通性があるとされている。第1は、当時の貧困や老人の生活難、困窮に対する強い問題意識であり、第2は、老人や貧困者がおかれている状態や、その人々に対する人道主義的姿勢、第3は、養老事業、慈善事業に対する強い使命感、第4に、「苦戦苦闘」の長い歴史を歩んでなお悲惨な老後を迎えている老人を、「悠々自適長ニ天命ヲ全フセシメン」という老人観、保護観のもとに養老事業の重要性を指摘し、強調していることである。

1929（昭和4）年に救護法が制定され、救護施設の一種として、初めて養老院が位置づけられた。救護法では65歳以上の老衰者を対象者とし、市町村や社会事業団体は、知事の認可を受けて「養老院」その他（孤児院や病院）の救護施設を設立することができることとなった。その後、1946（昭和21）年旧生活保護法の制定に伴い、養老院は生活保護法に基づく保護施設と定められ、1950（昭和25）年の生活保護法では名称も「養老施設」に変わった。そして、1963（昭和38）年に老人福祉法が制定されたことにより養老施設から「養護老人ホーム」に切り替わり現在に至っている。

以上のように、特別養護老人ホームや軽費老人ホームなど高齢者福祉施設の
なかで最も歴史が古いのが養護老人ホームといえる。しかし、2000（平成12）
年の介護保険制度の施行を契機に、介護保険施設の量的拡大に伴い陰に隠れる
形でその存在が見えにくくなっている。
　本章では、[1]で歴史的な変遷のなかで、特に老人福祉法制定後、養護老人
ホームに関してどのようなあり方などが議論されてきたのかを概観し、[2]に
おいて現在の養護老人ホームの位置づけに影響を与えた4つの転換点を示す。
[3]では措置施設としての養護老人ホームの強みと課題を挙げる。

[1] 養護老人ホームの歴史的な変遷

　歴史的な変遷を検証する際に、どのような時代区分が適切なのかは難しい。
審議会の答申や法律の制定をもって時期を区分することもできるが、本稿では
老人福祉法制定から約10年ごとに区分することとする。

⑴　第1期：老人福祉法制定から1970年代まで─施設整備と在宅福祉

　老人福祉法の制定にあたり、1963（昭和38）年の「老人福祉法案要綱」（社会
保障制度審議会）では、老人の理念を「多年にわたり社会の進展に寄与してき
た者として敬愛され、かつ、健全で安らかな生活を保障されるものとするこ
と」とし、同法による老人福祉施設を養護老人ホーム、特別養護老人ホーム、
軽費老人ホームおよび老人福祉センターの4種類とした。このうち養護老人
ホームと特別養護老人ホームは「福祉の措置」を受けた老人を収容し、養護す
る老人ホームであり、軽費老人ホームと老人福祉センターは一般老人の利用に
供されるものとなった。養護老人ホームは「居宅において生活することが困難
な老人で都道府県知事等の措置を受けたものを収容し、養護する施設」と位置
づけている。
　1970年代は、1970（昭和45）年「社会福祉施設の緊急整備について」（中央社
会福祉審議会）、同年「老人問題に関する総合的諸施策について」（中央社会福祉
審議会）、1971（昭和46）年「社会福祉施設緊急整備5か年計画」に代表される
ように、特別養護老人ホームの量的整備が目標とされたことが特徴といえる。

5か年計画の推進により、特別養護老人ホームは5年間に年平均100施設の
ペースで増加し、1979（昭和54）年には養護老人ホームの施設数を超え、特別
養護老人ホーム中心体制の幕開けとなった。

　また、1972（昭和47）年の「『老人ホームのあり方』に関する中間意見」（中
央社会福祉審議会老人福祉専門分科会）、1974（昭和49）年の「社会福祉整備計画の
改定について」（社会保障長期計画懇談会）、1977（昭和52）年の「今後の老人ホー
ムのあり方について」意見具申（中央社会福祉審議会老人福祉分科会）にみられる
ように、養護老人ホームが、生活保護法から引き継がれている救貧的位置づけ
からの脱却や新たな費用徴収の考え方、さらには施設福祉から在宅福祉への志
向が目指され、変化する時期であった。

(2)　第2期：1980年代—制度の激変期

　1980年代は、高齢者医療費の増大により、高齢者の「社会的入院」が問題と
なり老人保健法が成立、1989（平成元）年には「高齢者保健福祉推進十か年戦略」
（ゴールドプラン）が策定されるなど、高齢者に関する制度が大きく変わる激動
期といえる。

　1981（昭和56）年「当面の在宅老人福祉対策のあり方について（意見具申）」（中
央社会福祉審議会）では、1970年代から提唱されてきた施設福祉から在宅福祉へ
の一層の推進が謳われているとともに、1984（昭和59）年「老人福祉施設の今
後のあり方—我が国における中間施設の是非を中心として—」（社会保障制度審
議会事務局）では、養老施設の流れをくむ養護老人ホームの歴史的役割は終わ
り、施設を廃止し、ケア付き住宅または特別養護老人ホームへの転換が提案さ
れている。その後、1985（昭和60）年「老人福祉の在り方について（建議）」（社
会保障制度審議会）では福祉サービスの対象者を一般化するよう提唱し、「養護
老人ホーム及び特別養護老人ホームに係る費用徴収基準の当面の改定方針につ
いて（意見具申）」（中央社会福祉審議会老人福祉専門分科会）では、入所者本人や
同居以外の扶養義務者からの負担など費用徴収の強化を示した。さらに1988
（昭和63）年「変革期における厚生行政の新たな展開のための提言」（厚生省政策
ビジョン研究会）では、措置制度とともに自由契約システムを組み合わせたサー
ビスの複合化を図る、としている。

しかし、このような福祉システムの大きな転換への志向と同時に、慎重に検討する動きもあった。1989（平成元）年「当面の老人ホーム等のあり方について（意見具申）」（中央社会福祉審議会老人福祉専門分科会）では、「当面は現在の養護老人ホームの位置づけを維持していきながら、そのあり方について今後とも長期的に検討していくことが必要である」とし、同年「今後の社会福祉のあり方について（意見具申）」（福祉関係3審議会合同企画分科会）でも、措置制度について公的責任としての必要性を指摘している。そして、同年ゴールドプラン「高齢者保健福祉推進十か年戦略」が策定され、全国市町村において施設福祉と在宅福祉の推進が数値目標化されることとなった。

(3)　第3期：1990年代—在宅施策の重視と保険方式の検討

　1990年代は、ゴールドプラン、新ゴールドプランの策定など1980年代後半に成立した施策の実施と、1997（平成9）年の介護保険制度成立に向けた諸課題の整理・検討期間といえる。それは、1993（平成5）年「老人福祉施策において当面講ずべき措置について（意見具申）」（中央社会福祉審議会老人福祉専門分科会）、1994（平成6）年「21世紀福祉ビジョン〜少子・高齢社会に向けて〜」（高齢社会福祉ビジョン懇談会）、同年「社会保障将来像委員会第2次報告」（社会保障制度審議会社会保障将来像委員会）にみられるように、措置制度の問題と利用・契約制度の利点を強調し、翌年「社会保障体制の再構築（勧告）」（社会保障制度審議会）および「新たな高齢者介護システムの確立について」（老人保健福祉審議会）では公的介護保険制度のメリットを示し、介護保険制度創設への意義を明確にした。

　特に1994（平成6）年「新たな高齢者介護システムの構築を目指して」（高齢者介護・自立支援システム研究会）では、具体的な新介護システムの基本理念やあり方を提示し、措置制度の費用に関して以下の指摘をしている。

- ・本質は行政処分であり、その費用は公費によって賄われるほか、利用者については所得に応じた費用徴収が行われている。
- ・資金やサービスが著しく不足した時代にあっては、サービス利用の優先順位の決定や緊急的な保護などに大きな役割を果たしたが、社会保険に比べると、国民のサービス受給に関する権利性について大きな違いがあり、財

源は基本的に租税を財源とする一般会計に依存しているため、財政的なコントロールが強くなりがちで、結果として予算の伸びは抑制される傾向が強い。

その後、同年「社会保障体制の再構築（勧告）」（社会保障制度審議会）や第2次報告からもう一歩踏み込んだ公的介護保険制度のメリットを示し、同年「新たな高齢者介護システムの確立について」（老人保健福祉審議会）では、高齢者介護問題について国民に向けて広く議論が進められるための材料を以下のように提示した。

〈現状と問題点〉

・公費を財源とする福祉の措置制度は、行政責任のもとでサービスを公平に提供するシステムとして、これまで高齢者介護サービスの保障に重要な役割を果たしてきたが、利用者自らによるサービス選択がしにくいという制度上の制約や、所得調査等がありサービス利用に心理的抵抗感が伴うといった問題がみられる。

・「新たな高齢者介護システムの基本的な考え方」では今後、新たな高齢者介護システムとして、公的責任を踏まえ、適切な公費負担を組み入れた社会保険方式によるシステムについて、具体的な検討を進めていくことが適当である。

その後、1996（平成8）年「新たな高齢者介護制度について（老人保健福祉審議会第2次報告について）」（厚生省高齢者対策本務事務局）では、「養護老人ホームも、介護体制の充実強化を図り、特別養護老人ホームへの全部または一部転換や特別養護老人ホームへの併設を促進する」と示されている。この第2次報告を受け、事業者団体である全国老人福祉施設協議会（以下、「全国老施協」）では同年「全国老施協の介護保険制度導入にかかる意見」として、希望する場合には養護老人ホーム（盲養護老人ホーム含む）の特別養護老人ホーム転換の促進、契約制度の導入、人員配置の改善、在宅サービス併設の促進を示し、また、1998（平成10）年「養護老人ホームの経営のあり方／軽費老人ホーム、ケアハウスの経営のあり方検討委員会中間まとめ」（全国老施協）では、以下のように新たな養護老人ホームのあり方を示した。

① 契約による利用を原則としながら、特別養護老人ホーム同様一部措置制

度を併用

② 1人で暮らすことに不安をもつなどの一定の高齢者が安心して暮らし続けられる場としての養護老人ホームの役割を継続

③ 入所者が要介護状態になった場合の生活の継続や要介護高齢者の受け入れも機能として位置づける

④ 住環境の整備

⑤ 利用者要件として経済的制限があることによる抵抗感や間口の狭さの解消と低所得者への配慮

⑥ 盲養護老人ホームへの人員配置および運営財源の一定の配慮

(4) 第4期：2000年代—介護保険制度と措置制度

2000年代は、介護保険制度の施行で始まり、介護保険制度と老人福祉制度との整合性を図るなかで養護老人ホームのあり方を検討し、三位一体改革など地方分権改革の影響が措置のあり方に出てきた年代といえる。

2000（平成12）年「社会福祉の増進のための社会福祉事業法等の一部を改正する等の法律要綱」では、社会福祉法への改称、社会福祉法人の経営の原則、福祉サービスの利用援助（措置から利用へ）や、それを支える制度（成年後見制度、地域福祉権利擁護事業〔現：日常生活自立支援事業〕）等が示され新しい福祉の利用システムが法的にも整備された。その後、2004（平成16）年、厚生労働省が「養護老人ホーム及び軽費老人ホームの将来像研究会報告」を提出したが、厚生労働省が養護老人ホームや軽費老人ホームにテーマを絞った報告書を提出したことは初めてであった。これは、老人福祉法制定から約40年経過し、介護保険制度も開始された今後の養護老人ホームのあり方に対し一定の方向性を示した。

報告書では、今後の養護老人ホームの将来像として、

① 外部サービス利用型：生活支援（衣食住）ニーズに特化した措置施設への転換、介護ニーズは入所者が個々に在宅サービスを利用

② 介護サービス内包型：特定施設入居者生活介護指定事業者への転換

③ 2部門を有する施設：①、②を明確に区分し、それぞれの入所定員を設定した施設への転換

が示されている。

その後、2005年、養護老人ホーム保護費負担金は市町村へ税源移譲され、2006年、養護老人ホーム・軽費老人ホームを含む高齢者福祉施設等の整備に対する支援（交付金）について廃止・税源移譲となった。また、同年より養護老人ホームの入所者が介護保険サービスを利用することが可能となり、施設も外部サービス利用型特定施設入居者生活介護の指定が受けられることとなった。さらに同年の老人福祉法改正によって、入所要件から「身体上もしくは精神上の理由」が削除され、「環境上の理由及び経済的理由により居宅において養護を受けることが困難なもの」となり、養護老人ホームも自立支援や個別処遇計画の策定等が明記された。

⑸　第5期：2010年代—養護老人ホームの現代的あり方の検討

　2010年代は、地域の特性に合わせた取り組みや地域貢献活動、医療的ケア、さらには看とり介護への実現可能性など社会のニーズに対応できる養護老人ホームのあり方の検討が進められている年代といえる。

　2012（平成24）年度から定員29名の小規模養護老人ホームの整備が可能となり、2015（平成27）年度から養護老人ホームで介護保険サービスも利用できる場合の類型として、これまでの「個別契約型」（要介護認定等を受けた入所者が個々の居宅サービス事業所と個別に契約を結び、そのサービスを利用するという形態）、「外部サービス利用型特定施設入居者生活介護」（養護老人ホームが特定施設の指定を受け、要介護認定等を受けた入所者本人と契約を結んだうえで、外部の訪問介護事業所等にサービス提供を委託するという形態）に加え、「一般型特定施設入居者生活介護」（養護老人ホームが特定施設の指定を受け、要介護認定等を受けた入所者本人と契約を結んだうえで、一定の人員配置等を行い入居者に介護を提供するという形態）が加わり、特別養護老人ホームと同じ人員配置基準（3：1）となった。

　また、2018（平成30）年8月からサテライト型養護老人ホームの本体施設として、養護老人ホームが認められることになった。これまでサテライト型施設は、病院や診療所、介護老人保健施設、介護老人福祉施設（地域密着型を含む）を本体施設とする場合のみ設置が認められていたが、養護老人ホームも認められたことにより、職員配置基準が一定程度緩和され、介護人材確保対策やサービス提供の効率化等に資することとなった。

② 養護老人ホームの変遷における4つの転換点

　①でみたように、老人福祉法が制定されてから現在まで、日本の社会や経済、家族のあり方が大きく変容し、それとともに養護老人ホームも役割や位置づけを変えてきた。②では、現在の養護老人ホームの役割や位置づけに影響を与えたと思われる4つの転換点を示し、その内容や与えた影響について分析を試みる。

(1)　養護老人ホームの新設をしない：1976年

　全国老施協『老人福祉施設協議会五十年史』によれば、1976年に「厚生省、養護老人ホームは新設しない、との行政指導方針」との記述があるが、その根拠文書は残されてはいない。しかし、その前後の動向をみると、1971（昭和46）年度に「社会福祉施設緊急整備5か年計画」が発表され、特別養護老人ホームが5年間に年平均100施設のペースで増加し、1979年には養護老人ホームの施設数を上回った。また、1972（昭和47）年「老人ホームのあり方」（中央社会福祉審議会老人福祉専門分科会）では、老人ホームを「収容の場」から「生活の場」へと高めるべきとして新しい福祉施設の方向性を明らかにしている。さらに1974（昭和49）年「社会福祉整備計画の改定について」（社会保障長期計画懇談会）では、「従来の施設収容偏重の考え方から脱皮し、在宅福祉対策重視の考え方を明確にすべきである」と社会福祉サービス提供体制の方向転換もされた。

　このような政策動向から、保護・救貧的な位置づけの養護老人ホームの新設をしないということで、今後の高齢者数の増大とそのニーズへの対応は、特別養護老人ホームの増設と在宅福祉サービスの充実によって解消するという施策転換がされたといえる。また、1961（昭和36）年から始まった皆年金制度の成熟が見込まれることから、今後の高齢者の経済的なニーズはほぼ解消され、養護老人ホームの果たしてきた役割は終わりを迎えると予測したと考えられる。

(2)　社会福祉基礎構造改革と介護保険制度の創設

　社会福祉基礎構造改革とは、厚生省によれば「1951（昭和26）年の社会福祉

事業法制定以来大きな改正の行われていない社会福祉事業、社会福祉法人、措置制度など社会福祉の共通基盤制度について、今後増大・多様化が見込まれる国民の福祉需要に対応するため、見直しを行うもの」であり、介護保険制度施行等のために早急に取り組んだ改革を指す。そのため、介護保険法成立の1997（平成9）年「社会福祉の基礎構造改革について（主要な論点）」（社会福祉事業等の在り方に関する検討会）にて本格的検討が始まり、翌年には中間まとめが提出された。中間まとめでは、措置制度の問題と今後の方向性について以下のように示した。

- 措置制度のもとで福祉サービスの充実が図られてきたが、福祉サービスが国民全体を対象としたものとなり、また、国民の福祉需要も多様化するなかで、措置制度にも問題が出てきている。
- 措置制度では、特に、サービスの利用者は行政処分の対象者であるため、その意味でサービスの利用者と提供者の間の法的な権利義務関係が不明確である。このため、サービスの利用者と提供者との対等な関係が成り立たない。
- 今後の方向としては、利用者と提供者の間の権利義務関係を明確にすることにより、利用者個人としての尊厳を重視した構造とする必要がある。

この社会福祉基礎構造改革の考え方を踏まえ2000（平成12）年に介護保険制度が施行された。また、介護保険制度創設に向けた議論は、社会福祉基礎構造改革のほかに1990年代のゴールドプランや新ゴールドプラン、高齢者介護ビジョン等でなされ、多くの高齢者のニーズが介護であり、国民全体で支える社会保険方式の介護保険制度を創設すれば解消される、と結論づけた。また、介護保険制度創設前の問題点として、それまでの老人福祉制度や老人医療制度の課題が挙げられている。現在でも厚生労働省「介護保険制度の現状と今後の役割」の説明資料では、老人福祉の問題点として措置制度に関する課題を次のように示している。

① 市町村がサービスの種類、提供機関を決めるため、利用者がサービスの選択をすることができない
② 所得調査が必要なため、利用にあたって心理的な抵抗感が伴う
③ 市町村が直接あるいは委託により提供するサービスが基本であるため、

競争原理が働かず、サービス内容が画一的となりがち

④ 本人と扶養義務者の収入に応じた利用者負担（応能負担）となるため、中高所得層にとって重い負担

　これらは特別養護老人ホームを想定し、これまでの老人福祉の課題と社会保険である介護保険制度への意義を導き出したものであるが、当時の老人福祉の利用の手続きは措置制度であるため、措置施設である養護老人ホームをも含んだ課題といえる。

　また、介護保険制度により介護が必要な高齢者は要支援・要介護認定（以下、「要介護認定」）を受けることになったが、実際には当初予想をはるかに上回り、要介護認定を受け該当となった者が約218万人、実際のサービス利用者が約149万人（施設サービス約52万人、居宅サービス約97万人）となった。このように、介護保険制度開始によって、養護老人ホームの量的・質的な見えにくさが生じたと思われる。量的な見えにくさとしては、介護保険施設となった介護老人福祉施設は4463施設（2000年）から7891施設（2017年）と飛躍的に増加したものの、養護老人ホームの施設数は949施設（2000年）から961施設（2017年）と、ほとんど変化しなかったことが挙げられる。

　質的な見えにくさは、養護老人ホームの入所要件の影響があると思われる。現在の養護老人ホームの入所要件は老人福祉法第11条第1項で「環境上の理由及び経済的理由」と定められており、老人福祉法施行令で経済的理由は住民税非課税世帯以下とされているが、環境上の理由は明記されていない。この環境上の理由は、入所者一人ひとりのライフヒストリーや心身の状況や人や地域との関係性など、個別性が非常に高いものである。例えば、家族や地域社会での人間関係がうまく築けない、家族から身体的・経済的虐待を受けていた、加齢に伴い1人で暮らすことが難しくなってきた、精神病院の長期入院からの退院、刑事施設からの出所など、介護保険施設の入所理由（＝介護ニーズ）に比べ端的に表すことが難しい。この難しさが見えにくさの一因となっていると思われる。

⑶　三位一体改革による一般財源化

　総務省によれば「三位一体の改革」とは、「地方にできることは地方に」と

いう理念のもと、国の関与を縮小し地方の権限・責任を拡大して地方分権を一層推進することを目指し、「国庫補助負担金改革」「税源移譲」「地方交付税の見直し」の３つを一体的に行う改革のことを指すという。このうち、「税源移譲」は、納税者（国民）が国へ納める税（国税）を減らし、都道府県や市町村に納める税（地方税）を増やすことで、国から地方へ税源を移すこと、と位置づけている。その結果、2005（平成17）年「経済財政運営と構造改革に関する基本方針」や「三位一体の改革について」（11月30日政府・与党合意）などの決定を経て、2006（平成18）年度税制改正において、国から地方へ３兆円の税源移譲が実現された。

　三位一体改革により、2005年度から養護老人ホーム保護費負担金は市町村へ税源移譲され、国および都道府県が市町村に対し措置に要する費用の負担義務が削除された。また翌年度には養護老人ホームを含む高齢者福祉施設等の整備に関する支援（交付金）が廃止・税源移譲となった。これによって、市町村が措置に関する費用を全額負担することとなった。

　当時の日本経済はバブル崩壊からの不景気が続き、地方の財政状況も厳しいなかであった。前述したような税源移譲も重なり、市町村に措置に関する費用への負担感があることは推察される。このような理由は、市町村が措置費を支弁することへの抑制が働く要因になるかもしれず、養護老人ホームに措置するよりも国庫負担のある生活保護制度や介護保険制度の活用を優先したほうが負担軽減になる、というインセンティブが働くかもしれない。これがいわゆる「措置控え」という現象となり、養護老人ホームの課題である「定員割れ」という在所率の低下を招いていると考えられる。

⑷　養護老人ホームへの措置要件の改正と介護保険給付の適用

　2006（平成18）年に老人福祉法が改正され、養護老人ホームの入所要件が変更された。改正前は「身体上若しくは精神上又は環境上の理由及び経済的理由により居宅において養護を受けることが困難なもの」であったが、「身体上若しくは精神上」の要件が削除され、「環境上の理由及び経済的理由により居宅において養護を受けることが困難なもの」となった。これは、特に視覚・聴覚障害者が定員の７割以上を占める盲（聴覚）養護老人ホームにとって影響があ

り、全国盲老人福祉施設連絡協議会（以下、「全盲老連」）では「特に視覚・聴覚障がいを勘案することなく基礎自治体の入所判定が行われるようになった」と指摘している。このことは、改正前に入所できていた低所得視覚・聴覚障害高齢者が、要件削除により入所対象から外れてしまうおそれがあることを示している。

　また同年、介護保険法も改正され、養護老人ホームの入所者も介護保険サービスを利用することができるようになった。これによって、養護老人ホーム入所者が介護保険料を払いながら介護保険サービスを利用できないという制度間の矛盾が解消され、入所しながら介護保険サービスを活用することが可能となった。合わせて、養護老人ホームも外部サービス利用型特定施設入所者生活介護の対象施設となり、要介護認定等を受けた入所者本人と契約を結んだうえで、外部の訪問介護事業所等にサービス提供を委託することが可能となった。このことには、要介護状態にある入所者が専門的なケアを受けることができ、職員の負担軽減につながるという利点がある。しかし一方で、複数の施設類型ができた（2015〔平成27〕年度から一般型特定入居者生活介護の対象施設もできた）ことで、養護老人ホームの課題やあり方を共有することが難しくなったともいえる。

③ 措置施設としての養護老人ホームの強みと課題

(1) 措置施設としての養護老人ホームの強み

　そもそも、「措置」とは何を指すのだろうか。内閣法制局法令用語研究会編『法律用語辞典』（有斐閣、2012年）によれば、「一般的には、物事を取り計らって始末をつけること。法令上用いられる場合には、ある問題に対する対策、施策等その問題を処理するためにとられるもろもろの手段をまとめて言う場合が多い。『処置』が個々の事項の始末に用いられるのに対し、『措置』は、これらを総体として表示し、またはその始末よりも手続きの面に着眼して用いられることが多い」と記されている。また、北場勉によれば、「措置制度」に関わる議論で登場する言葉を挙げると、「公的責任」「行政処分」「機関委任事務」「措置委託」「公私分離」、憲法第89条の「公金支出禁止」と「公の支配」に属する

民間社会福祉事業への「公的助成」「社会福祉法人」などがある、としている（北場、2005：4）。このように、「措置」を論じるにあたっては様々な視点があるが、本論における「措置」は、主に行政処分を指すこととし、②(2)の社会福祉基礎構造改革では権利義務関係について言及している。

　利用・契約施設が主流となった現代において、行政処分というシステムを採用する措置施設の意義は、例えば、知的障害や精神障害で自己決定ができない者や虐待を受けている者など、利用や契約になじまない状況にある者を救えることである。本人が入所を希望することが原則であるが、障害等で判断能力が厳しい、またはセルフネグレクトといった、本人が無自覚でも自宅での自立生活が困難な場合などに、行政の権限により保護・救済する装置（＝行政処分）を準備しておくことは重要である。また、ニーズをアセスメントし行政の権限により入所決定をすることで、一人ひとりのニーズに合わせた専門的かつ多様な生活支援サービスを受けられることも大きな強みといえる。このように専門的な支援により入所者は生きる力を見出し、自己効力感や自己肯定感を（再）獲得することができよう。第3章、第4章、第5章でも実際の入所者の生活歴や施設での生活の状況が描かれているが、どのような時代でも措置によって保護・救済をすべき状況の人は必ず存在し、それを支えていくのが社会福祉事業の根幹的役割であり措置施設の役割ともいえる。また、措置施設の立場としても措置委託費により施設運営費を投入することで安定した運営が可能である。さらに、入所者にとって費用徴収が本人や家族の対象収入から決定する応能負担であることから、特に低所得層は負担が低くなることも強みといえる。

(2)　措置施設としての養護老人ホームの課題

　課題は、財源や法的な課題と措置決定までの手続きに関する課題に分けることができる。

　財源の課題は、②(3)で述べたように、三位一体改革の影響が挙げられる。三位一体改革に伴う税源移譲により、市町村の措置に関する費用が全額負担となったが、そのことが財政難の市町村にとって措置を行うことへの抑止力になったのではないか、ということである。また、生活保護のように国庫負担割合の多い制度が優先され、生活保護を受給しながら無料低額宿泊所や無届け有

料老人ホームなどに流れるのではないかとも考えられる。その結果、防火対策など不十分な住環境のなかで生活を強いられるケースなども想定され、対象者に支援が行き届かなくなる。

　法的な課題は、「反射的利益」論といわれるものであり、措置制度では申請者に決定権がなく、行政の決定の恩恵を受けているに過ぎない立場、と解釈されていることである。例えば、施設での生活に不服等があったときなど法的な手段をとろうとした場合に、入所者が不利な立場におかれることが想定される。

　措置決定までの手続きに関する課題は、2013（平成25）年度老人保健健康増進等事業「養護老人ホーム・軽費老人ホームの今後のあり方も含めた社会福祉法人の新たな役割に関する調査研究事業」で以下のように挙げている。

・入所申請時の負担が大きい（盲養護老人ホーム）

　情報弱者である視覚障害者や聴覚障害者にとって、入所申請にかかる負担は健常者よりも大きい。住民票や戸籍謄本は点字版がないため、視覚障害者は付き添い者（民生委員、親族等）を連れて行かなければならないが、その負担が大きい。

　また、入所相談が施設に寄せられることも多く、申請時に施設職員が介在できれば申請者の負担を軽減することが可能になるが、資産などの個人情報が必要となるため、施設職員の同行は認められていない。

・入所判定委員会の開催回数が限られている

　市町村または地域包括支援センターに設置される入所判定委員会は、自治体の予算措置を伴うため開催回数が限られていることが多く、緊急を要する高齢者の受け入れが困難な状況にある。また、「老人ホームの入所措置等の指針」には、養護老人ホームの求めに応じて判定委員会が開催できることとなっているが、現状は機能していない状態である。

以上のように措置施設に関するいくつかの課題を挙げたが、適切な措置が実施されるために養護老人ホームが取り組むこととして、地域アセスメントへの重要性と地域ケア会議への参加を挙げたい。平時より地域の低所得・障害高齢者や社会資源を把握し、地域住民の課題や社会資源の活動状況を診断する地域アセスメントへの取り組みは重要である。養護老人ホームが地域アセスメント

を踏まえた情報と施設での取り組みを地域ケア会議で発信することで、行政や他の専門機関・事業所は養護老人ホームの入所者像が理解できる。この結果、適切な措置につながるのではないか。また、行政は入所希望者に対し、迅速に入所判定委員会を開催するとともに、入所判定基準に関する情報について地域ケア会議などで共有することも必要となるのではないか。

[引用・参考文献]

浅井春夫（2001）「措置制度と公的責任論──保育・児童福祉分野での論争整理を中心に」『立教大学コミュニティ福祉学部紀要』3号

浅野仁・田中荘司編（1993）『明日の高齢者ケア⑤日本の施設ケア』中央法規出版

一般財団法人日本総合研究所（2014）「養護老人ホーム・軽費老人ホームの今後のあり方も含めた社会福祉法人の新たな役割に関する調査研究事業」

一般財団法人日本総合研究所（2015）「地域包括ケアシステムにおける養護老人ホーム及び軽費老人ホームの役割・あり方に関する調査研究事業」

一般財団法人日本総合研究所（2016）「養護老人ホーム・軽費老人ホームの職員の人材育成のあり方に関する調査研究事業」

一般財団法人日本総合研究所（2018）「地域包括ケアシステム及び地域医療構想の実現に向けて、養護老人ホーム・軽費老人ホームが求められている役割や効果的な支援の在り方に関する調査研究事業」

一般財団法人日本総合研究所（2018）「サテライト型養護老人ホームの展開等に向けた基準等のあり方に関する調査研究事業」

一般財団法人日本総合研究所（2019）「養護老人ホーム及び軽費老人ホームの新たな役割の効果的な推進方策に関する調査研究事業」

岡本多喜子（1993）『老人福祉法の制定』誠信書房

小川政亮・垣内国光・河合克義編著（1993）『社会福祉の利用者負担を考える』ミネルヴァ書房

河野正輝（1991）『社会福祉の権利構造』有斐閣

北場勉（2005）『戦後「措置制度」の成立と変容』法律文化社

京極高宣（1990）『現代福祉学の構図』中央法規出版

公益社団法人全国老人福祉施設協議会（2017）「養護老人ホーム・軽費老人ホームの低所得高齢者への効果的な支援のあり方に関する調査研究報告書」

厚生省社会局老人福祉課編（1984）『老人福祉法の解説』中央法規出版

佐藤進・右田紀久恵編（1992）『講座　社会福祉6　社会福祉の法と行財政』有斐閣

清水正美・鈴木敏彦（1996）「養護老人ホームの独自性に関する一考察」『帝京平成短期大学紀要』6巻27号

2　養護老人ホームの歴史的変遷と位置づけ　033

清水正美（1999）「公的介護保険における養護老人ホームの位置づけと今後のあり方」
　　『帝京平成短期大学紀要』9号
清水正美（2000）「養護老人ホームの現状と『生活援助』機能について」『城西国際大
　　学紀要』8巻2号
清水正美（2002）「今後の養護老人ホームに求められる役割に関する考察」『城西国際
　　大学紀要』10巻2号
清水正美（2010）「社会福祉転換期における養護老人ホームの位置づけについて」『城
　　西国際大学紀要』18巻3号
清水正美（2015）「養護老人ホームの歴史的変遷と盲養護老人ホームと他施設との入
　　所要件について」『城西国際大学紀要』23巻3号
全国社会福祉協議会・老人福祉施設協議会（1984）『老人福祉施設協議会五十年史』
全国社会福祉協議会・全国老人福祉施設協議会（1993）『全国老人福祉施設協議会
　　六十年史　激動の十年』
全国社会福祉協議会・全国老人福祉施設協議会養護老人ホーム特別検討委員会（1994）
　　「養護老人ホーム検討特別委員会報告―高齢化を迎える21世紀にそなえて養護老
　　人ホームのあり方を考える」
全国盲老人福祉施設連絡協議会（2016）「高齢視覚障害者にふさわしい生活拠点と支
　　援の在り方に関する調査・研究事業」
鳥羽美香（2009）「戦前の養老院における入所者処遇―救護法施行下の実践を中心に」
　　『文京学院大学人間学部研究紀要』11巻1号
内閣法制局法令用語研究会編（2012）『法律用語辞典』有斐閣
成瀬龍夫・小沢修司・武田宏・山本隆『福祉改革と福祉補助金』（1989）ミネルヴァ
　　書房
成瀬龍夫（1997）「社会福祉措置制度の意義と課題」『彦根論叢』309号
堀勝洋（1987）『福祉改革の戦略的課題』中央法規出版
堀勝洋（2009）『社会保障・社会福祉の原理・法・政策』ミネルヴァ書房
三浦文夫・忍博次編（1983）『講座 社会福祉8　高齢化社会と社会福祉』有斐閣
三浦文夫・高橋紘士・田端光美・古川孝順編（2002）『戦後社会福祉の総括と21世紀
　　への展望3　政策と制度』ドメス出版
三友雅夫・京極髙宣編（1993）『明日の高齢者ケア1　高齢者のケアシステム』中央
　　法規出版
百瀬孝（1997）『日本老人福祉史』中央法規出版
山本惠子（2002）『行財政からみた高齢者福祉―措置制度から介護保険へ』法律文化
　　社

図表1　養護老人ホームに関する法制度と行政、審議会・団体等の動向

年	法制度関係	行政等の動向	審議会・団体等の動向
1874	恤救規則制定		
1912	「養老法案」衆議院に提出→廃案		
1920		内務省救護課を社会課と改称	
1921		内務省社会局新設	
1929	救護法公布		
1932	救護法施行→公的に救護施設として位置づけられる		全国養老事業協会設立
1946	旧生活保護法公布→保護施設として位置づけられる		
1950	生活保護法公布→養老施設として位置づけられる		
1957		「保護施設取扱指針」制定	
1962			「老人福祉施策の推進に関する意見」（社会福祉審議会小委員会中間報告）
1963	老人福祉法公布→養老施設は養護老人ホームに移管し、老人福祉施設を養護老人ホーム、特別養護老人ホーム、軽費老人ホーム、老人福祉センターの4種類と位置づけ	「老人福祉法案要綱」（厚生省発厚生大臣発社会保障審議会長宛）	
1966		「養護老人ホーム及び特別養護老人ホームの設備及び運営に関する基準」施行	「養護老人ホーム及び特別養護老人ホームの設備及び運営の基準に関する意見具申」（中央社会福祉審議会） 「社会福祉」（老人問題懇談会）
1968			「老人ホーム・老人向住宅の整備拡充に関する意見」（中央社会福祉審議会老人福祉専門分科会） 「深刻化するこれからの老人問題」（国民生活審議会調査部会老人問題小委員会）

2　養護老人ホームの歴史的変遷と位置づけ

年	法制度関係	行政等の動向	審議会・団体等の動向
1970			「社会福祉施設の緊急整備について」答申 「老人問題に関する総合的諸施策について」答申（中央社会福祉審議会）
1971		「社会福祉施設緊急整備5か年計画」策定	
1972			「『老人ホームのあり方』に関する中間意見」（中央社会福祉審議会老人福祉専門分科会）
1974			「社会福祉施設整備計画の改定について」（社会保障長期計画懇談会） 「今後の老人対策について提言」（老人問題懇談会）
1975		厚生省、養護老人ホームの利用料徴収について研究委託	「今後の老齢化社会に対応すべき社会保障の在り方について」（社会保障審議会建議） 「今後の社会保障のあり方について」（社会保障長期計画懇談会）
1976		厚生省、「養護老人ホームは新設しない」との行政指導方針	
1977			「今後の老人ホームのあり方について」答申（中央社会福祉審議会老人福祉専門部会）
1979	※特別養護老人ホームの定員が養護老人ホームを上回る	養護老人ホーム等における地域参加、交流促進等加算制度新設	「施設体系のあり方委員会」中央社会福祉審議会老人福祉専門部会） 「養護老人ホーム及び特別養護老人ホームに係る費用徴収基準の当面の改善について」意見具申（中央社会福祉審議会） 「厚生大臣への要望」（全社協全老施協）
1980	※特別養護老人ホームの施設数が養護老人ホームを上回る	『費用徴収基準の改訂』実施→新たな本人がからの費用徴収開始	「社会福祉政策の新理念—福祉の日常生活化を目指して—」（社会経済国民会議）
1981			「当面の在宅老人福祉対策のあり方について」答申（中央社会福祉審議会） 「新たな福祉施設活動の展開」（全社協施設制度基本問題研究会）
1982	老人保健法成立		

年	法制度関係	行政等の動向	審議会・団体等の動向
1983		「老人対策に関する行政監察結果に基づく勧告―老人福祉対策を中心として」（行政管理庁）	
1984			「老人福祉施設の今後のあり方―わが国における中間施設の是非を中心として」（社会保障制度審議会事務局） 「養護老人ホームおよび特別養護老人ホームに係る費用徴収基準の当面の改訂方針について」意見具申（中央社会福祉審議会）
1985			「これからの老人ホームのあり方について（案）」（全国老人福祉問題研究会） 「老人福祉のあり方について」建議（社会保障審議会） 「養護老人ホーム及び特別養護老人ホームにかかる費用徴収基準の当面の改訂方針について」意見具申（中央社会福祉審議会老人福祉専門分科会）
1986	機関委任事務整理法	機関委任事務の多くが団体委任事務へ 「高齢者対策企画推進本部報告」（厚生省高齢者対策企画推進本部）	
1987			「費用負担検討小委員会報告」（全社協全老施協）
1988		「老人保護措置費の国庫負担（費用徴収基準）の取り扱いについて」（厚生省社会局長） 「変革期における厚生行政の新たな展開のための提言」（厚生省政策ビジョン研究会）	
1989	「ゴールドプラン」策定		「当面の老人ホーム等のあり方について」意見具申（中央社会福祉審議会老人福祉専門分科会） 「今後の社会福祉のあり方について」意見具申（福祉関係三審議会合同企画分科会）

2　養護老人ホームの歴史的変遷と位置づけ　037

年	法制度関係	行政等の動向	審議会・団体等の動向
1990	福祉関係8法改正		
1993			「報告」（高齢者施策の基本方向に関する懇談会） 「老人福祉施策において当面講ずべき措置について」意見具申（中央社会福祉審議会老人福祉専門分科会）
1994	「新ゴールドプラン」策定		「21世紀福祉ビジョン」（高齢社会福祉ビジョン懇談会） 「第2次報告」（社会保障将来像委員会） 「新たな高齢者介護システムの構築を目指して」（高齢者介護・自立支援システム研究会） 「養護老人ホーム検討特別委員会報告～高齢化を迎える21世紀にそなえて養護老人ホームのあり方を考える」（全国社会福祉協議会・全国老人福祉施設協議会養護老人ホーム特別検討委員会）
1995			「社会保障体制の再構築（勧告）―安心して暮らせる21世紀の社会を目指して―」（社会保障制度審議会） 「新たな高齢者介護システムの確立について（中間報告）」（老人保健福祉審議会）
1996		「新たな高齢者介護制度について（老人保健福祉審議会第二次報告について）」（厚生省高齢者対策本務事務局）	「新たな高齢者介護制度について」「高齢者介護保険制度の創設について」（老人保健福祉審議会） 「全国老施協の介護保険制度導入にかかわる意見」（全国老施協）
1997	「介護保険法」成立		「社会福祉の基礎構造改革について（主要な論点）」（社会福祉事業等の在り方に関する検討会）
1998		これまでの各種加算制度を廃止し、新たな加算制度を新設 「老人福祉法による養護老人ホームの病弱者等介護加算制度について」（厚生省老人保健福祉局長通知）	「社会福祉基礎構造改革について（中間まとめ）」「社会福祉基礎構造改革を進めるにあたって（追加意見）」（中央社会福祉審議会） 「養護老人ホームの経営のあり方委員会中間まとめ」（全国老施協）
1999	「ゴールドプラン21」策定	「社会福祉の増進のための関係法律の整備等に関する法律案（仮）制度要綱」（厚生大臣）	「社会福祉事業法等の改正について」答申（中央社会福祉審議会）

年	法制度関係	行政等の動向	審議会・団体等の動向
2000	社会福祉法、分権一括法施行	社会福祉施設への入所措置等が自治事務に	
2003		社会福祉施設における指定管理者制度の活用について〔老人福祉法〕（厚生労働省雇用均等・児童家庭局総務課長、厚生労働省社会・援護局保護課長、厚生労働省社会・援護局障害保健福祉部企画課長、厚生労働省老健局計画課長通知）	
2004		「養護老人ホーム及び軽費老人ホームの将来像研究会」報告書（厚生労働省）	
2005	養護老人ホーム等保護費負担金を市町村へ税源移譲（市町村が措置に要する費用に対する国及び都道府県の負担義務を削除）		
2006	「介護保険法」改正→養護老人ホームの特定施設併用等が可能、住所地特例対象等になる「老人福祉法」改正→養護老人ホームの入所要件、施設目的の変更、施設整備費の一般財源化養護老人ホームを含む高齢者福祉施設等の整備に対する支援（交付金）について廃止・税源移譲	「養護老人ホームへの入所措置等への指針について」「養護老人ホームの設備及び運営に関する基準について」の一部改正について「老人福祉法第11条の規定による措置事務の実施に係る指針について」（厚生労働省老人保健局長通知）	

2　養護老人ホームの歴史的変遷と位置づけ　039

年	法制度関係	行政等の動向	審議会・団体等の動向
2006	養護老人ホームの入所者による介護保険サービスの利用が可能となる 養護老人ホームが外部サービス利用型特定施設入居者生活介護の対象施設となる		
2008		「養護老人ホームの設備及び運営に関する基準について」等の一部改正について（厚生労働省老人保健局長通知）	
2011	地域の自主性及び自立性を高めるための改革の推進を図るための関係法律の整備に関する法律（平成23年法律第37号）において、老人福祉法及び介護保険法の改正	「地域の自主性及び自立性を高めるための改革の推進を図るための関係法律の整備に関する法律の一部の施行に伴う厚生労働省関係省令の整備に関する省令について」（老人福祉法及び介護保険法関係）〔老人福祉法〕（厚生労働省老健局長通知）	「養護老人ホームにおける生活支援（見守り支援）に関する調査研究事業」（全国老施協）
2012	小規模な養護老人ホームの整備		「養護老人ホームにおける施設内研修手引書の作成に関する調査研究事業」（全国老施協）
2013			「養護老人ホーム・軽費老人ホームの今後のあり方も含めた社会福祉法人の新たな役割に関する調査研究事業」（日本総合研究所）
2014			「地域包括ケアシステムにおける養護老人ホーム及び軽費老人ホームの役割・あり方に関する調査研究事業」（日本総合研究所）
2015	養護老人ホームが一般型特定施設入居者生活介護の対象施設となる		「養護老人ホーム・軽費老人ホームの職員の人材育成のあり方に関する調査研究事業」（日本総合研究所）

年	法制度関係	行政等の動向	審議会・団体等の動向
2016			「高齢視覚障害者にふさわしい生活拠点と支援の在り方に関する調査・研究事業」（全盲老連）
2017			「養護老人ホーム・軽費老人ホームの低所得高齢者への効果的な支援の在り方に関する調査研究事業」（全国老施協）
2018			「サテライト型養護老人ホームの展開等に向けた基準等のあり方に関する調査研究事業」（日本総合研究所） 「地域包括ケアシステム及び地域医療構想の実現に向けて、養護老人ホーム・軽費老人ホームが求められている役割や効果的な支援の在り方に関する調査研究事業」（日本総合研究所）
2019	サテライト型養護老人ホームの本体施設に養護老人ホームが追加		「養護老人ホーム及び軽費老人ホームの新たな役割の効果的な推進方策に関する調査研究事業」（日本総合研究所）

出典：①清水正美（2015）「養護老人ホームの歴史的変遷と盲養護老人ホームと他施設との入所要件について」『城西国際大学紀要』23巻3号。②国立社会保障・人口問題研究所（2005）「日本社会保障資料Ⅳ（社会福祉関係　1980年以前、1980年代、1990年代、2000年以降）」http://www.ipss.go.jp/publication/j/shiryou/no.13/shiryo.html。③全国社会福祉協議会・老人福祉施設協議会編（1983）『老人福祉施設協議会五十年史』。④全国社会福祉協議会・全国老人福祉施設協議会編（1993）『全国老人福祉施設協議会六十年史　激動の十年』をもとに作成。

2　養護老人ホームの歴史的変遷と位置づけ

3 養護老人ホームの現状

1 入所者の傾向と支援ニーズ

　本節の前半では、高齢者の住宅施策の動向をみながら養護老人ホームの役割を再確認し、入所者の傾向を含め養護老人ホームの現況について整理する。後半では入所者の支援ニーズと生活相談・生活支援に関わる職員の役割・業務について概観する。

(1) 多様化する高齢者の住まいのなかで

　わが国では、高齢者の持ち家率が約8割を超え、住み慣れた自宅での生活を希望する高齢者は多いものの、老後生活への不安に備えた高齢者向け住宅・施設に対する一般の関心も広がりつつある。高齢者向けの居住型施設としては、従来から特別養護老人ホーム、養護老人ホーム、軽費老人ホーム、有料老人ホーム、認知症対応型共同生活介護（グループホーム）があるが、それ以外の高齢者の住宅と関連施策についてもふれておきたい。

　国は、この約20年の間に、高齢者の居住の安定確保に関する法律（2001年）、住宅セーフティネット法（2007年）を基盤として、高齢者に対応した住宅施策を展開し、高齢者向けの賃貸住宅等の供給を促進してきた。2011年には、高齢者の居住の安定確保に関する法律の改正により、各種高齢者向け賃貸住宅の登録制度、認定制度は廃止され、「サービス付き高齢者向け住宅」に一本化された。国のねらいは、住宅への住み替え先で見守りと相談支援と介護の外部サービス利用によって在宅生活の継続を実現し、地域包括ケアの限界を高めるところにあるが、2020年までに60万戸の登録を目指すところ、2018年現在では、23万8289戸にとどまっている。これらの住宅は医療・老人福祉施設と併設したところが多く、運営事業者のほとんどが介護系または医療系事業者である。入居

者が利用できるサービスとしては、必須サービスである状況把握（見守り）と
生活相談、それ以外の生活援助サービスについては、ほとんどの住宅で食事提
供をしており、約半数の住宅では入浴等の介護サービスを受けることができ
る。しかし、重介護状態によって退去せざるをえない住宅もある。

　全国におけるサービス付き高齢者向け住宅のユニークな設置例では、社会福
祉法人が区から旧小学校の土地建物の無償貸与を受け、教室を2分割し、居室
に利用して運営しているところがある（東京都品川区）。この他、人口の少ない
地方の町村でも、住宅の居住者と老人ホームの入所者が共有できる共助や交流
が生まれるスペース、集落を整備するところもある。初期入居費用は、有料老
人ホームほど高額ではないため入居しやすくなっている。月額利用料は立地と
住宅条件によるものの、およそ月額10万〜30万円の範囲にある。

　この他、全国各地で空き家問題が深刻化するのを受け、2017年に空き家等対
策の推進に関する特別措置法が施行された。これにより、高齢者、障害者、低
所得者、離職者、被災者等の要配慮者向けの住宅確保が、住宅確保要配慮者居
住支援法人[*]を指定する都道府県によって推進されている。この住宅確保策のコ
ンセプトは、空き家の活用とともに、地域の医療・福祉機関、住民の協力と連
携により、借りる側、貸す側にとっても安心な状態をつくるというものである
（厚生労働省、2017）。

> ＊　住宅確保要配慮者居住支援法人とは、住宅セーフティネット法第40条に基づき、住宅確保
> 　要配慮者（低額所得者、被災者、高齢者、障がい者、子供を養育する者、その他住宅の確
> 　保に特に配慮を要する者）の民間賃貸住宅への円滑な入居の促進を図るため、住宅確保要
> 　配慮者に対し家賃債務保証の提供、賃貸住宅への入居に係る住宅情報の提供・相談、見守
> 　りなどの生活支援等を実施する法人として都道府県が指定するものである。法人によって
> 　は、見守り・安否確認はなく、家賃債務保証のみを事業内容とするところもある。

　居住支援法人の事業内容の一例を挙げると、「中野区あんしんすまいパック」
（東京都中野区）では、見守りサービス（週2回の電話による自動応答の安否確認と
指定連絡先へのメール）、葬儀対応・費用補償、亡くなった場合の残存家財片づ
け・費用補償の3点のパックを特徴とし、民間賃貸住宅への転居手続きに苦労
している高齢者、障害者、生活困窮者に、あらかじめ居住支援法人の指定を受
けている会社と契約してもらうという事業を始めている（区が初回登録料を補
助、利用者の負担は月額約2000円）。これによって、住宅を探している人には借り

やすく、高齢者の孤独死等に不安がある家主には安心して貸すことができるメリットがある。しかし、こうした新たな住宅セーフティネット制度も全国各地での普及は過渡期にあり、住宅確保要配慮者居住支援法人の指定は、全国36都道府県で174か所、11都道府県は未指定にとどまっている（2018年12月現在）。

　一方、賃貸住宅の契約が困難な低所得者には、従来から無料低額宿泊所が居場所となってきた。無料低額宿泊所とは、社会福祉法に基づく第二種社会福祉事業の１つで、生計困難者のための無料または低額料金で宿泊または利用できる届出施設である。あらゆる層の生活困窮者の最後の受け入れ先とされてきた宿泊所であり、2000年代に入ってその数は激増した。主として首都圏中心に全国に537か所、入所者数は１万5600人、約８割がNPO法人によって運営されている。　入居者の半数は、路上生活からの入居であり、山田（2016:125）の調査によると入居者全員が生活保護費を受給している。入居の経緯は、約半数が福祉事務所、路上での勧誘が約３割となっている（厚生労働省社会・援護局保護課、2016）。

　入居者のうち、65歳以上の高齢者は約４割、介護保険や障害者福祉サービスを受けている利用者はそれぞれ全利用者の２～2.5％程度である。入居者の費用については、ほとんどの施設が、食費（平均で月に約２万8000円）とその他（平均で月１万6000円）の費用を徴収している。「宿泊所」という名称ではあるが、利用者の約３割が、４年以上にわたり長期の宿泊をしている。この他、生活保護受給の高齢者を対象にした無届け施設も、国が調査で把握している範囲では全国で1046施設あり、路上生活者や住まいが見つからない高齢者の受け皿となっている（厚生労働省社会・援護局保護課、2016）。

　2009年に群馬県で起きた「たまゆら」の火災をきっかけに、元入居者や支援団体等の告発もあって、こうした宿泊所・施設のなかには、著しく狭隘な居室や防火設備が不十分、居室やサービスに見合わない利用料金を生活保護費のなかから徴収する「貧困ビジネス」とみられる施設があることが、マスメディアの報道によって世間一般に知られるようになった。しかしながら、そうした無届け施設に頼らざるをえない状況は、この10年ほどの間も変わっていない。国と地方自治体においては悪質な事業に対する規制とともに、住宅支援のあり方についての本格的な議論と具体的な取り組みが急務となっている。

3　養護老人ホームの現状

単身の中高年が増加している日本では、今後も要配慮高齢者の住まいの需要はますます大きくなると予想される。高齢期になってからの住まいに、選択肢が増えること自体は望ましいことである。しかし、認知症や精神疾患を抱える身寄りのない高齢者や、経済的困窮のために家賃滞納で立ち退きを求められている高齢者が地域から孤立し、無理心中や自殺といった悲劇に追い込まれたり、環境上、不適切な住宅で高齢者が火災等の犠牲になるような事態をこれ以上、増やしてはならない。

　折しも全国社会福祉協議会政策委員会による『セーフティネット対策等に関する検討会報告（提言）の概要―「住まい」と「日常生活支援」の一体的提供による安心の実現を』が公表された（2018年）。そこでは地域共生社会実現のための地域セーフティネット機能の強化が不可欠として、3点の課題認識、すなわち①「措置から契約へ」「福祉の普遍化」のなかで、自ら声を出せない人、自らサービスの選択や契約が困難な人を置き去りにしているのではないか、②生活保護制度の運用に課題があるのではないか、③高齢者、障害者等の「住宅弱者」のための良質な「住まい」をいかに確保するかが提言されている。同報告（提言）の概要には「今後さらなる検討が望ましいこと」の1つとして「養護老人ホームの機能強化」も掲げられている。自ら声を出せない人、自らサービスの選択や契約が困難なために生活に困窮している高齢者を、経路を問わず受け入れられる居住型福祉施設、それが養護老人ホームである。

⑵　養護老人ホームの設置状況と措置率

　全国の養護老人ホームの施設数は975施設、在所者は5万6997人、盲養護老人ホームはこのうち51施設である。また、公立は288施設、その他は私立である（厚生労働省、2018）。施設数の推移は、1975年以降、ほぼ横ばいであるが、在所者数は減少傾向にある（図表1）。1施設の入所定員は、31～50人規模が約半数、51～80人規模が約4分の1となっている。施設の設置時期をみると、1980年以前に開設された施設は約6割であり、全体の約3分の1が50年以上の歴史をもつ法人・施設である（図表2）。

　こうした長い歴史を有する法人には、罹災者・罹災孤児の収容援護、戦没軍人および家族の医療保護や生活援護事業、あるいは母子寮・養老施設の設立か

046

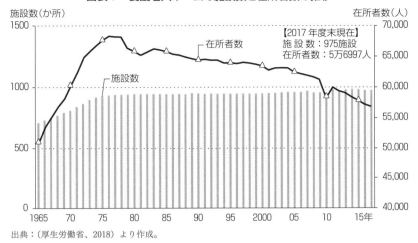

図表1　養護老人ホームの施設数と在所者数の推移

【2017年度末現在】
施設数：975施設
在所者数：5万6997人

出典：（厚生労働省、2018）より作成。

ら事業を始めたところが多く、その基本理念は、一貫して時代の社会的影響のもと、生計を立てるめどが立たずに困窮している人々に手をさしのべるところにある。これらの法人の多くは、後に児童・高齢者・障害者等を対象とする複数の施設を設立し、地域の拠点となって地元に根をおろす総合的機能をもった法人へと発展している。また一部には、近年に地方自治体から指定管理を受けて運営するに

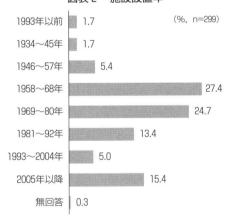

図表2　施設設置年

出典：（全国老人福祉施設協議会、2017）より作成。

至った法人・団体もあり、その成り立ちも様々である。

　養護老人ホームを運営する法人・団体の併設施設・事業所をみると、約6割が介護老人福祉施設(60.2%)を運営し、約5割が居宅介護支援事業所、訪問系・

3　養護老人ホームの現状　　047

通所系居宅サービスを運営している。高齢者対象以外では、約2割が保育所等、障害者支援施設・事業所を運営している。介護保険制度の特定施設入居者生活介護の事業所指定の有無に関しては約半々に分かれる。一般型の特定施設は15.2％、外部サービス利用型の特定施設が31.9％、指定を受けていない個別契約型の施設は51.4％である（日本総合研究所、2018）（3類型の詳細は③で後述）。

先に述べたように、全国の在所者数の推移については、1970年代後半の約7万人をピークに徐々に減少している。2018年に全国老人福祉施設協議会が実施した全国調査によると、全国平均の平均入所率は89.9％、公営の養護老人ホームの入所率は77.0％と低い一方で、民営の養護老人ホームは91.7％と高く、公営の養護老人ホームの方が措置制度が十分に活用されていない。措置率（措置者数を65歳以上人口で除した数値）の全国平均は2.03％、このうち養護老人ホームがある市町村とない市町村で比較すると、所在地市町村の2.45％に対し、非所在地市町村は0.94％と大きな格差があり、全国市町村の約1割の市町村では措置者数がゼロになっている。都道府県別の措置率でみても、回答率100％の28都道県のなかで、最も高い島根県(5.52％)と最も低い千葉県、沖縄県(0.70％)との格差は大きい（全国老施協、2019）。

こうした格差の背景には、低所得高齢者層と施設数・定員数の不均衡、高齢者向け住宅の増加との関連などが考えられるが、施設関係者の間では、措置費の一般財源化以降に定員充足率の低下が一層進んでいる実感から、自治体担当者がいわゆる措置控え（入所の必要性に対する適切な判断手続きや情報提供を行わないことが常態化する）の疑念がもたれている。自治体担当者には、入所希望者に対し、迅速に入所判定委員会を開催し、適切なアセスメントに基づく措置の実施が求められている。

(3)　入所者の概況
入所者の概況は、直近の調査報告（日本総合研究所、2018；全国老施協、2017）をもとに述べることにする。

⑴　基本属性と措置理由・経路
入所者の性別は、男性33.5％、女性66.5％と1：2の割合で、介護保険施設

等に比べ男性の割合は多い。年齢は、75〜79歳の割合が最も高く23.4％、次いで80〜84歳が22.2％、70〜74歳が18.8％で、入所者のほとんどは後期高齢者である（86.7％）（全国老施協、2017）。

現行の老人福祉法に基づく入所要件のうち、経済的理由とは、本人の属する世帯が生活保護を受けているか、市町村民税の所得割を課されていない場合等であり、環境上の理由とは、家族や居住の状況から、居宅においての生活が困難であると認められる場合とされている。具体的にはどのような生活困難から環境的理由となり、入所に至っているのだろうか。

全国の実数は公表されていないため、施設と自治体が回答している調査結果をみることにする。施設側に過去3年間の入所者数（平均24.7人）とその理由（複数回答）について尋ねた結果では、「身体機能の低下」（21.1％）と「養護者の不在」（18.5％）が2割前後で多くなっている。また、「認知機能低下による社会生活困難」（9.6％）と「精神疾患等による社会生活困難」（9.2％）の割合を合計すると約2割となり、「病院や施設退所後に戻る家がない、住まいがなかった」は13.6％となっている。

一方、自治体に「措置理由として多いもの」を聞いた設問（複数回答、回答数934）では、「身体機能の低下」（49.1％）や「認知機能の低下や精神的理由による社会生活困難」（56.6％）、「養護者の不在」（52.0％）がおよそ50％台、次に「病院・施設の退院・退所後の住まいがない」（32.9％）と「家族等の虐待」（32.7％）が約3割となっている。調査の対象や設問のしかたによって差異はあるが、おおむね、心身の機能低下、養護者が不在、あるいは養護者の負担増が生活困難を引き起こしている状況が推察できる（日本総合研究所、2018）。

入所前の居場所については、自宅が58.2％と最も多く、次いで医療機関15.1％（精神科の病院・診療所8.5％、一般病院・診療所6.6％）、子ども・親族の家が7.8％となっている。医療機関からの入所ケースは、罹患後、入院治療が終わっても、家族・親族等の支援が得られず、もとの住居での在宅生活には戻れない、あるいはそもそも住宅がない場合である。また、医療機関からの措置入所については、精神科病院が他の病院よりも多いのも昨今の特徴的傾向である。職員対象の調査結果と合わせてみても、精神疾患の既往歴があり退院後も通院している入所者は少なくない（全国老施協、2017）。

では、入所措置になる前にどのような経過で措置権者の市町村につながっているのか。自治体を対象にした調査結果によると、「地域包括支援センターや庁内関係部署、関係機関等から寄せられる相談」と回答した自治体が約9割と最も多くなっている。その内訳は、地域包括支援センターが一番多く、次に生活保護担当部署となっている。今後も地域の総合窓口としての地域包括支援センターの役割が期待されるが、その反面、施設職員の約3割が「地域包括支援センターの職員の措置に対する理解や養護老人ホームに対する理解が進んでおらず、その意識が薄い」という実感とジレンマを抱えている。また市区町村職員に対しても、施設職員の4割が「措置制度に対する理解が乏しい」または「養護老人ホームの役割や機能に対する理解が進んでいない」という実感を抱いている（日本総合研究所、2018）。

　今後も施設側が行政や他機関の関係者を含め、地域の関係者に養護老人ホームの機能・役割を理解してもらう努力を積極的にしていかなければ、養護老人ホームの存在そのものや特徴が正確に伝わらず、社会資源としての有効活用も進まないであろう。

⑵　退所理由、地域生活移行

　過去3年間の退所者の内訳は、死亡（施設内と病院内）が約半数、病院への転院と特別養護老人ホームが14％台である一方、自宅は2.8％と少ない。また、地域生活への移行の取り組みについては、入所者のほとんどが後期高齢者で、心身状態の低下や社会生活上の困難等を伴うため、実現の可能性があるケースは少数であり、実際に取り組みをしている施設は2割程度にとどまる（全国老施協、2017）。今後も地域生活での自立の可能性を見出せる高齢者には個別的な支援をしていくことは必要である。しかし現在のところ、救護施設における居宅生活訓練事業のような制度上の位置づけはない。養護老人ホームで地域生活移行を進めていくには、退所後の安定した住まいの確保や移行後のフォローアップを関係機関と連携するサポートシステムの構築が課題になる。

(3) 入所者の状況

① 心身の状況

入所者の心身の状況を要介護度でみると、特定施設の指定を受けていない施設では、自立が6割、要支援1～2が1割、要介護1～2が2割を占める。特定施設の指定を受けている施設では、自立は約3％、要支援1～2が約5％、要介護1～2が約半数、要介護3以上が4割強を占めるというように、当然のことながら、特定施設かどうかによって、入所者の要介護度の状況は大きく異なっている（図表3）。

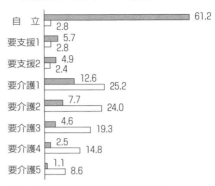

図表3　特定指定状況別要介護度割合（％）

出典：（日本総合研究所、2018）より作成。

障害高齢者の日常生活自立度では、A-1（介助により外出し、日中はほとんどベッドから離れて生活する）が25.8％、A-2（外出の頻度が少なく、日中も寝たり起きたりの生活をしている）は19.6％と、いわゆる準寝たきりランクの入所者が45.4％にのぼっている。認知症高齢者の日常生活自立度についても日常的に支援を要するといわれるⅡ以上は約半数いる。このように、要介護者が増加している背景には、入所年数を重ねるうちに加齢と疾患により要介護状態になった入所者が増えたことと、要介護状態があっても受け入れ可能な特定施設に類型変更した施設が増えたためである。

入所者の障害者手帳の取得状況では、299施設中の1施設あたりの平均人数でみると、身体障害者手帳が12.67人と一番多い。精神保健福祉手帳は8.66人、療育手帳は2.45人である。主な疾患では、うつ病・精神疾患が15.11人と、心臓病や脳卒中、糖尿病といった生活習慣病よりも6人前後多く2倍以上にのぼる。養護老人ホームには常勤医師はいないため、施設外の医療機関との連携は不可欠である（全国老施協、2017）。

② 入所者の経済的状況

入所者のおおよその経済的状況は、対象収入階層別入所者数（実数）でみることができる。ほとんどの人が年間収入150万円以下で、27万円以下の階層が

19.7％と最も多い。他の階層区分（100万円未満は2万円ごと、100万〜120万は4万円ごと、120万〜150万は6万円ごとに区分）でみるといずれも1〜5％の割合で分散している（全国老施協、2019）。ただし、これだけでは掴めない実態もある。養護老人ホームへの入所を契機に、市町村行政担当者や生活指導員の調査によって、年金等の受給の手続きが復活する、あるいは抱えていた借金（光熱費や賃貸料、医療費等の滞納やいわゆる貸金業者への負債）が明らかになり、生活相談員が本人の同意を得て現収入をもとに入所後の返済計画を立てる支援をすることもある。いわゆる借金返済を抱えての入所ゆえに、年金収入の全額を自由に使えない事情の人もいる。また少数の例ではあるが、施設からシルバー人材センター等を紹介され、働くことを日課にしている元気な高齢者もいる。

このように養護老人ホームは、住まいに困窮している低所得者の拠り所として、様々な事情・状況の高齢者を受け入れている。しかも養護老人ホームは単に居住場所を提供するだけではなく、心身の健康保持・自立支援から経済的自立支援まで、個別の状況に応じた生活相談・生活支援を提供できる強みをもっている。

次の(4)では、そのための相談・生活支援の役割をもつ職種の業務内容について説明し、(5)〜(7)では、介護ニーズ、精神疾患・障害を伴う入所者の支援ニーズ、虐待ケースの相談支援の3つを取り上げ、各ニーズの社会的背景と養護老人ホームにおける支援の現状について考える。

(4) 相談・生活支援に関わる職員とその役割

入所に至る高齢者は、自らの人生設計に沿って計画的に入所してきた人はまずいないであろう。入所当初は、冷暖房のある住まいや朝昼晩の食事提供に安堵感を抱くものの、月日がたつにつれ、価値観の異なる他人とのコミュニケーションや施設内の日課、決まり事に戸惑いや不安を感じることもあろう。なじみのない土地であればなおさらのこと、入所者が新たな生活の場で、自分らしく生きがいをもって、日々楽しみながら過ごせるようになるまでには、それ相当の年月がかかり、そのプロセスも人それぞれである。それゆえ、一人ひとりの人生の転機とその後の人生に関わる各職種の役割は大きい。

⑴　生活相談員の役割

　生活相談員の主たる業務は処遇計画を作成し、それをもとに、入所者の相談
や職員間・施設外の関係者（市町村行政、居宅介護支援事業所等）との連携・調整
をすることである。特定施設入居者生活介護の指定を受けている施設は、施設
内の介護支援専門員が施設サービス計画を、処遇計画とは別に立案、モニタリ
ング・評価をしている。このため、2つの計画間の整合性を図ることも役割に
なる。

　生活相談員は、入所者の暮らしや将来への心配、不安に寄り添い、具体的な
課題解決のためにソーシャルワークの知識・技術を活用する。個々に抱えてい
る課題について、本人自身がよく把握し理解している場合もあるが、そもそも
課題があることを自覚していない場合や理解力が低下している入所者もいる。
それゆえ、生活相談員はその課題について、本人にわかりやすく伝え、本人と
ともに具体的に解決していけるよう働きかける。

　入所者の具体的な相談内容は、入退所や生活に関わる諸手続き（介護保険サー
ビス、税務署への申告手続き等）、通院や健康・介護サービスの利用等についての
相談、施設内の生活の苦情やトラブルに応じた相談・関係調整等である。また
課題解決のために、措置担当者や地域の医療・福祉・司法関係者等との連絡調
整も適宜行う。主に日常生活上の細々した生活相談は支援員、介護職員（特定
施設）が担い、健康管理や医療的ケアや疾病や障害に関わる相談は看護職員が
担当しているが、生活相談員も生活の場にも入りながら、多職種と連携しつつ
個別の相談や施設運営に関わっている。

　また入所者に長年の習慣や嗜好、健康面に課題がある場合にも、他職種と相
談しながら、指導的な助言をすることがある。時には一定期間、自己コント
ロールを促す目的で意図的に生活面での制限（食事内容、飲酒、喫煙、金銭管理
等）を提案し、様子をみながら、自己管理でき自律する方向に支援していくこ
ともある。例えば借金負債者については、日頃、浪費をしないように目を配り
助言しながら、代弁者として後見人や弁護士と連携し、返済の目処をつけてい
く支援をする。

　この他、日頃から家族（身元引受け人）等との良好な関係をつなぐことも重
要な役割の1つである。たとえ本人と関係をできるだけ避けたいとする家族・

3　養護老人ホームの現状　053

親族や、遠方で高齢ゆえに面会が途絶えている家族・親族であっても、治療方針の事前確認や他施設への移動、退所（死亡を含む）等の際には、理解と協力を得ることが必要になる。何かあったときにも理解・協力を得られるよう、できる限り連絡や報告をし、関係をつないでいくことが求められる。

　さらに、入所者一人ひとりが地域社会の一員として生きがいをもてる暮らしができるように、施設内クラブの運営やレクリエーション・行事の企画・運営、ボランティア・実習生・見学者の受け入れや地域行事への参加などに関する業務も他職種と協働しながら調整する役割を担う。特に昨今は、地域との交流活動や介護予防活動について力を入れている施設が多い。生活相談員は、施設内の委員会や研修会の開催等に関する運営を担い、組織内の調整・まとめ役としての役割も期待されている。

⑵　支援員、介護職員（特定施設）の役割

　支援員、介護職員（特定施設）は、本人が施設という新たな生活拠点で、できる限り自立し、安心して生きがいがもてる生活が送れるように、処遇計画・施設サービス計画に基づき、チームワークで支援する。

　日常的には、要介護高齢者には心身状態に合わせた介護（食事、排泄、移動、整容、更衣等）、また自立している入所者については、必要に応じた身の回りの整理、洗濯、買い物、金銭管理、服薬管理、衛生管理等の生活支援、余暇活動の支援等を行う。いずれも本人の意思・意欲と疾病・障害の状態、健康状態を見極めながら計画に基づく支援をする。話し相手や相談のほか、入所者どうしの関係調整、トラブルの解決に関わることも多々ある。

　入所者が個別契約で外部事業所の介護サービスを利用している場合には、家族の代わりにサービス内容の相談や支援、訪問介護員や通所介護職員との連携をする。支援員・介護職員（特定施設）は、入所者にとっては最も身近な相談、見守りをしてくれる存在である。複数ある職種のなかで最も職員数が多く、交代勤務で業務を行うため、他の職種以上にチームとしての一貫性ある支援と遂行の意識が求められる。

⑶　ひとりで抱えこまない組織づくり

　日常の個別相談はどの職種でも受けられる体制にしているが、主に関係機関
や家族・親族、身元引受人等との連携、社会生活における生活全般についての
相談は前述のように生活相談員が担当している。また、健康に関しては看護職
員が担当し、日常の生活支援・相談については支援員や介護職員（特定施設）
が主に担当する。支援員・介護職員の対応では解決が難しい場合には、生活相
談員に引き継がれることがあり、施設長、措置担当者も交えた継続的相談にな
る場合もある。しかしどの職種であってもひとりの判断で難しいと感じた場合
には、まずは同職種のチームで相談し、内容に応じて多職種チームの職員間で
協議しながら知恵を出し合う。ひとりで抱えこまない組織づくりをしているの
である。

⑸　養護老人ホームにおける介護ニーズへの対応

　ここでは昨今増えている介護ニーズへの対応について取り上げる。養護老人
ホームでは、入所当初、心身とも自立していた高齢者であっても、加齢や疾病
に伴い機能低下が生じ、介護が必要になってくる。入所者自身の立場からみて
も、いったん入所し住み慣れた施設からの転居はできるだけ避けたいところで
ある。特に認知症を発症してからの転居はリロケーションダメージが大きい。

　では、養護老人ホームの場合、施設の建物や設備が従来の物理的バリアの多
い老朽化した施設では、介護が必要となった際に、現体制の支援員配置と介護
サービス利用ではどのあたりが限界になるのだろうか。

　筆者が2013年に全国の主任生活相談員を対象に、入所者がどのような状態に
なった場合に、介護保険施設への入所を勧めるかを尋ねた調査では、487施設
の記述回答のうち、要介護度を目安にしている施設と、具体的な状態で検討し
ている施設とがおよそ半々であることがわかった。要介護度を目安にしている
回答に、要介護３以上とする回答が102施設ある一方で、要介護１、２と答え
ているところも少数あった（ゆくゆく重度になることを予測して早めに本人や家族
と相談、検討するという理由による）。なお、基本的に家族や本人からの希望がな
ければ施設からは勧めないという回答施設も25か所あった。また、具体的な状
態で検討しているという自由記述回答には、医療的行為（経管栄養、胃ろうなど）

3　養護老人ホームの現状　｜　055

が必要になったときが最多で66施設の回答があった。それ以外の施設は、入所者の心身状態、とりわけ、移動や認知症状（BPSD）などの状態により対応が困難であることと、人員配置や入浴設備等のかねあいで検討されていた（中野、2014）。

この調査実施から6年ほど経過した今日、施設の類型は、外部サービス利用型特定施設と個別契約型施設に加え、一般型特定施設が加わっている。建物の建て替え時期に合わせ、この数年の間に特定施設に変更した施設もある。しかし、個々の施設の人員、施設設備の諸条件が居住継続の可否に関わってくることは今日も変わりはないであろう。老朽化し物理的なバリアの多い施設では、自力歩行能力が低下している新規入所者の受け入れは難しく、それが定員割れの要因の1つにもなっている。

このほか、日常の生活支援では、介護を必要としない入所者から、軽度から重度の要介護者まで混在しているため、職員のマンパワーがどうしても介護ニーズの多い入所者に注がれる結果となり、自立度の高い入所者への目配りが届きにくくなるという声を聞くことがある。一人ひとりの多様な支援ニーズを見落とさないように、バランスをもった相談・生活支援の視野感覚や配慮が求められている。

(6) 精神障害をもつ入所者の増加とその社会的背景

わが国の精神保健医療福祉の領域では、2004年に精神保健福祉本部（本部長：厚生労働大臣）で策定された「精神保健医療福祉の改革ビジョン」で「入院医療中心から地域生活中心へ」の理念が示されて以降、地域生活移行に関わる諸施策が実施されつつある。精神科入院の長期化、それによる国民医療費の増大については長年の間、わが国の社会的課題とされてきたところである。精神科病院における1年半以上の長期入院患者（認知症を除く）は、全国で約17万人、このうち退院可能であるが、症状が極めて重症または不安定であるため退院困難である患者の割合は61％、居住・支援がないため退院困難である患者の割合は33％、残り6％は身体合併症治療のため退院困難であるという。国としては、目下、第5期障害者福祉計画に関わる国の基本方針として、地域における生活維持および継続の推進、就労定着に向けた支援等、および精神障害者にも

対応した地域包括ケアシステムの構築を柱とし、ケアシステムの取り組みとして、都道府県・市町村で協議の場を設けて実際の取り組みを進め、退院率を高めることを推進している（安西、2013）。

地域包括ケア推進のための住まいの確保については、公営住宅、民間賃貸等、円滑な住まい確保とともに、グループホームの整備、各自治体における介護保険事業計画に基づく計画的な高齢者向け住まいの整備が挙げられている。養護老人ホームもその受け入れ先の1つになっているのだが、こうした構想やイラスト図に救護施設や養護老人ホームの名称は登場していない。救護施設はすでに入所者の約6割が精神障害を伴っている（全国救護施設協議会、2014）。今後、養護老人ホームにおいても、精神障害を伴う高齢者の入所措置が減少することはないだろう。

国は、「介護保険による対応が必要となるケースが多いが、介護支援専門員等、介護保険サービス提供側において、精神障害者を支援するノウハウ・知見が必ずしも十分でない」として、精神障害者への理解や関係機関との連携の促進に向けた効果的な研修等の検討（ニーズ調査など）をするとしているが、養護老人ホームでもすでに疾患の理解と相談・生活支援力の質向上が求められる状況にある。

筆者がこれまで訪問した施設でも、通院付き添いや服薬の管理を含めた見守り、周囲との人間関係の調整等が必要な精神障害をもつ入所者の話題、あるいはアルコールなどの依存症等をもつ入所者の話題をよく耳にした。本書第6章の2で紹介されるような、精神障害や知的障害をもって入所した後に認知症を発症する高齢者の事例も珍しくない。前掲の主任生活相談員を対象にした調査では、「入所者の理解と対応で自分自身が知識・技術を高めたいと思う」障害についての設問（複数回答）に対し、「精神障がい」の回答が、「認知症」を抜いて最も多かった（中野、2014）。回答者である主任生活相談員の多くは、介護福祉士資格取得者であり、精神保健福祉士を取得している人は極めて少ないことも背景の1つとして考えられる。精神疾患をもつ人は、環境による影響と服薬管理によって、精神症状が敏感に変化する。このため、施設としては、精神科医との連携、職員の精神疾患に関する研修が不可欠になっている。

(7) 虐待からの保護の受け入れ

虐待からの保護については、措置理由のなかでは他の理由に比べて件数としては少なく、全施設が受け入れをしているわけではないが、権利擁護の点では今後も重要な役割を担うことになるため、ここであえて取りあげておきたい。

はじめに全国における養護者による高齢者虐待に関する実態を概観すると、2017年度中に全国で虐待と判断された件数は1万7078件、前年度に比較し4.2％増である。高齢者虐待の要因は、虐待者の介護疲れ・介護ストレスが24.2％、虐待者の障害・疾病が21.8％、被虐待者との人間関係、被虐待者の認知症の症状、経済的困窮などが十数％等と挙げられている。虐待の種類では身体的虐待が66.7％と最も多い。また、要介護認定済みの被虐待高齢者は67.0％、その内訳は要介護2、1、3以上の順に多い。また認知症日常生活自立度Ⅱ以上および障害高齢者の日常生活自立度A以上は、ともに約7割を占める。虐待者の続柄は、息子が40.3％と最も多く、次が夫21.1％である。

これに対し、市町村による虐待への対応については、被虐待高齢者の保護として虐待者からの分離を行った事例は約3割、虐待判断時点ですでに分離状態も合わせると半数に及ぶ。このうち、「止むを得ない事由等による措置」は901事例で13.7％、このうち面会制限を行った事例はその約6割となっている（厚生労働省、2019）。養護老人ホームも、老人福祉法に基づき、やむを得ない事由等による措置先としての役割を担っているが、一般に緊急的な受け入れをした後、再発の危険性から、そのまま措置継続（本入所）となるケースは多いといわれている。

市町村行政からの電話一本の打診から始まる緊急受け入れにいたっては、事前情報が乏しいなか、迅速な受け入れ判断から居室の準備、その後、落ち着くまでの相談・生活支援には緊張感が伴う。面会制限のあるケースについては、居場所を探し出して追ってくる虐待者からの保護のため、生活相談員や窓口の事務員等が、行政と連携しながら一貫した対応をする専門的なスキルが求められる。また入所後においても、生活相談員は被虐待高齢者の心情の変化に寄り添い、自治体との連携を密にしながら家族関係の調整や生活の立て直しのためのソーシャルワーク実践をしている。筆者が調査の一環で東京都内で受け入れをしている複数の生活相談員に聞いた範囲では、多くの生活相談員が介護疲れ

による虐待よりも、昨今、精神疾患や経済的自立困難な事情を抱えた息子による虐待（身体的・経済的虐待）が増えているという実感を抱いている。高齢者虐待の再発防止に養護老人ホームも一役を担っていることは確かである。

　このほか、養護老人ホームのなかには、地域生活定着支援センターと連携しながら、積極的に矯正施設からの退所者の受け入れをしたり、触法高齢者の相互理解のために刑務所と相互の見学研修をしながら、服役後の高齢者を敬遠せず、積極的に受け入れ体制を整えている施設もある。しかしながら、養護老人ホームの職員配置は、個別契約型の養護老人ホームの場合、入所者15人につき1人、生活相談員は入所者30人につき1人である。マンパワーの点から十分にできない実情を抱えつつ、地域福祉における拠点としての役割が期待されているのである。

② 建物・設備の現状

　①で、50年以上の歴史をもつ養護老人ホームが約半数あることを述べた。このことは施設としての歴史的意味や、各施設の運営の蓄積があることを優位に示すものである。一方で、建物・設備の老朽化は避けようがなく、時代の価値観の変化と入所者の心身状態に合わせた居住環境の再整備が課題になってくる。現在の建物・設備は、入所者の加齢と疾病・障害の変化に柔軟に対応できているのか、入所者の QOL の観点からはどうなのか。

　全国の養護老人ホームの定員規模は、先にも述べたように、およそ半数が31〜50人規模、次に多いのが51〜80人規模である。施設のハード面については、居室タイプでは個室が増えてきており、回答のあった455施設のうち、全室個室の施設は約半数（49.9％）、個室と多床室（相部屋）の施設は25.7％、多床室のみの施設は23.3％である（日本総合研究所、2018）。多床室のある施設のうち、個室化を予定しているのは約4分の1、個室化を予定（検討）していない施設（160）のうち6割の施設は、「改修費用の確保が困難であるため」と回答している。相部屋は、何か異変があった場合に相互で助け合える利点はあるものの、精神疾患やパーソナリティ障害などのある入所者には適さず、入所者同士のストレスやトラブルも起きやすい。プライバシーの確保や、虐待高齢者の緊

3　養護老人ホームの現状　059

急的な受け入れの点でも、今後は個室化の方向が望ましいであろう。

　また、施設へのアンケート調査では、老朽化・耐震化・バリアフリー対応等での建物や設備の問題について50.1％（228施設）が問題ありと回答している（日本総合研究所、2018）。このように、入所者のほとんどが後期高齢者であるにもかかわらず、バリアフリー化が全施設数に達していない現状であることがわかる。物理的なバリアのある施設では、転倒によるリスクが高まるが、限られた職員数での見守りや介助では補いきれない。入所者自身の活動範囲も狭くなっていく。施設のなかには、浴室や居室では出入り口が狭く、車椅子やシルバーカーが回転できない、車椅子でベッドサイドまで行けないといった切実な問題（スペースの狭さ、畳部屋などによる）や、施設内にエレベーターがないために上層階への自力移動が難しい入所者の受け入れができないといった悩みを抱えているところもある。こうした建物・設備上の問題は定員充足にも影響を及ぼしている。

　現代の養護老人ホームのなかには、建物の建て替えが済み設備が整った施設もあれば、交通が不便で山間部では坂道の多い立地ゆえ、入所者の運動になる散歩が気楽にしづらい環境にある施設、あるいは日常生活のスペースにバリアが多々ありながら、費用の確保ができず大幅改修を進められない施設もあり、その立地・設備状況の施設間格差は極めて著しいものがある。

３ 施設としての機能、社会資源としての価値

　2006年４月、老人福祉法と介護保険法の制度改正により、養護老人ホームで生活をしている入所者については介護保険制度を利活用でき、施設自体も介護保険法の指定事業者となることが可能となった。その後の2015年以降、養護老人ホームは、特定施設入居者生活介護を含めた３類型のなかから１つの類型を選択できるようになった。③では、各類型の特徴やメリットおよびデメリットについて詳述するとともに、養護老人ホームの基本的な職員体制（人員配置基準や職種等）を例示しながら、通常の養護老人ホームと盲養護老人ホームの違いを紹介する。

　そして最後に、養護老人ホームとしての基本的役割と機能を確認したうえ

で、地域包括ケアシステムというしくみの中での社会資源としての価値を高め
ることについて考えてみたい。

(1) 養護老人ホームにおける介護保険制度の利活用

　2006年の老人福祉法および介護保険法の制度改正により、養護老人ホームの
入所者に対して処遇計画（以下、「個別支援計画」）を作成することが施設に義務
づけられた。制度改正以前は「処遇目標」のみであったことを省みると、個別
支援"計画"の作成によって入所者支援の質の向上とともに、従事者の専門性
を担保する意図が国にあったと考えられる。

　その後、2015年3月の厚生労働省老健局高齢者支援課による説明（図表4）
によれば、先の2006年4月改正による外部サービス利用型特定施設（入居者生
活介護）や個別契約型（特定施設の指定を受けない養護老人ホーム）は「要介護者
が比較的少ない」場合の選択肢とし、「要介護者が比較的多い」場合の選択肢
として一般型特定施設（入居者生活介護）を新たに制度化するということであっ

図表4　養護老人ホームにおける特定施設入居者生活介護のあり方

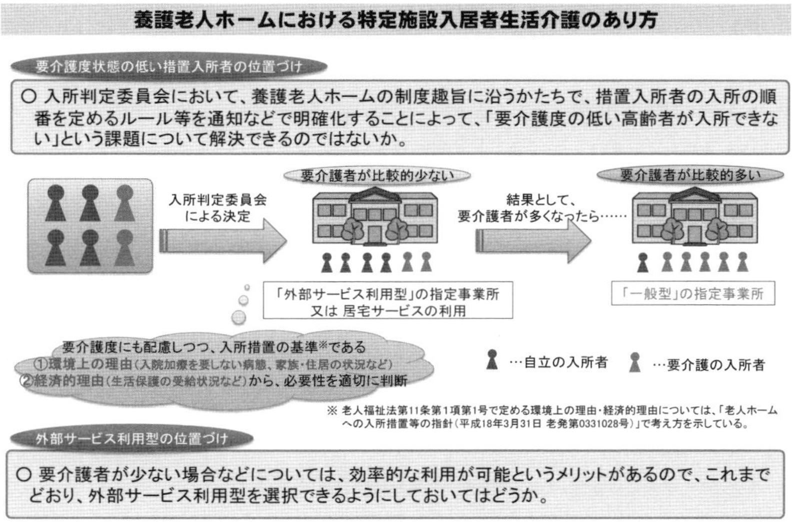

出典：厚生労働省（2014）第112回社会保障審議会介護給付費分科会資料2　「特定施設入居者生活介護
　　　等の報酬・基準について（案）」18頁。

3　養護老人ホームの現状　｜　061

た。そしてその翌月、一般型特定施設（入居者生活介護）を加えた3類型にてリスタートしたのである。

　ちなみに、ここでいう要介護者が「比較的多い」「比較的少ない」という内容に関する明確な人数（実数や定員および現員に占める割合等々）はどこにも示されていない、すなわち施設側の予測・判断に委ねられている。「要介護者が比較的多い」状態とは、筆者が勤務する法人内施設の現状や全国の施設からの相談内容からみた私見であるが、要介護者の定員および現員に占める割合がおおよそ35～40％以上に達した状態と考えている。この状態になると、外部サービス利用型または個別契約型の場合、昼間に介護サービスの提供が多いため、夜間帯の介護サービス提供が困難になってくる。この状態が常態化している場合には、一般型の指定事業所という類型（詳細は後述）に変更することによって夜間帯の介護ニーズに対応することができる。

(2)　3つの類型

　3つの類型の説明に入る前に、筆者が数年前に体験したある都道府県の養護老人ホーム管理者研修会でのエピソードを紹介する。その研修会には管理者（施設長）が大勢参加していた。講演中に養護老人ホームが選択する3つの類型に関して、「個別契約型、外部サービス利用型特定施設、一般型特定施設の順に各々どの類型を選択しているか」と会場に問いかけ、参加者に挙手してもらったところ、挙手していない方が数人いた。そのなかの1人に「類型は何型を選択されていますか」と質問をした。すると「措置型です！」と返答があったのである。筆者は驚きを隠せなかった。そこで、養護老人ホームには措置型という類型は存在せず、先の3類型のみであることを繰り返し説明し、「特定施設の指定を受けておらず、また何らかの介護保険制度上のサービスを受けていない養護老人ホーム」も、個別契約型の養護老人ホームであるいうことを改めて確認してもらったのであった。

　3類型の特徴をまとめると以下のようになる。

(1)個別契約型（特定施設の指定を受けない）

　要支援・要介護認定（以下、「要介護認定」）を受けた入所者が個々の居宅サー

ビス事業所と個別に契約を結び、そのサービスを利用する形態。　※地域の在宅と同じように

(2) 外部サービス利用型特定施設（入居者生活介護）

　養護老人ホームが特定施設の指定を受け、要介護認定を受けた入所者本人と契約を結んだうえで、外部の訪問介護事業所等にサービス提供を委託する形態。　※サービス事業所との委託契約

(3) 一般型特定施設（入居者生活介護）

　養護老人ホームが特定施設の指定を受け、要介護認定を受けた入所者本人と契約を結んだうえで、一定の人員配置等を行い入居者に介護を提供する形態。※特養と同じ人員配置基準（3：1）

　繰り返しになるが、法人（施設）が生活を支援する施設として、施設所在地域の実情等を考慮し、個別契約型および特定施設入居者生活介護（外部サービス利用型、一般型）のなかから、いずれかの類型を選択・判断するのであるが、上記の例のようにそのことが施設間でも浸透していない現状にある。

　また、ここで改めて強調したいことは、どの類型にも共通していることであるが、要介護認定を受けた入所者が施設内での自身の居室を、介護保険制度上"居宅"として介護サービスを受けることができるということである。老人福祉施設であるために、介護保険制度上の施設サービスと混同されることがあるが、あくまで居宅サービスに分類されるしくみなのである。ただし、養護老人ホームの入所者に限っては、居住系サービス（介護保険制度上の短期入所生活介護、短期入所療養介護）と住宅改修は除外とされている。

　次に、各類型のしくみと支援に関わる計画の種類について説明する。

(1)　個別契約型について（図表5）

　個別契約型とは、地域で在宅生活を送っている高齢者と同様に、要介護認定を受けた養護老人ホームの入所者が、居宅介護支援事業所や地域包括支援センターの介護支援専門員（ケアマネジャー）に介護等についての相談をし、立案された介護予防支援計画（予防プラン）や介護支援計画（ケアプラン）について、介護（居宅）サービス事業所と入所者が個別に契約を締結し、介護サービスの

3　養護老人ホームの現状　063

図表5　個別契約型（2006年4月より類型選択）

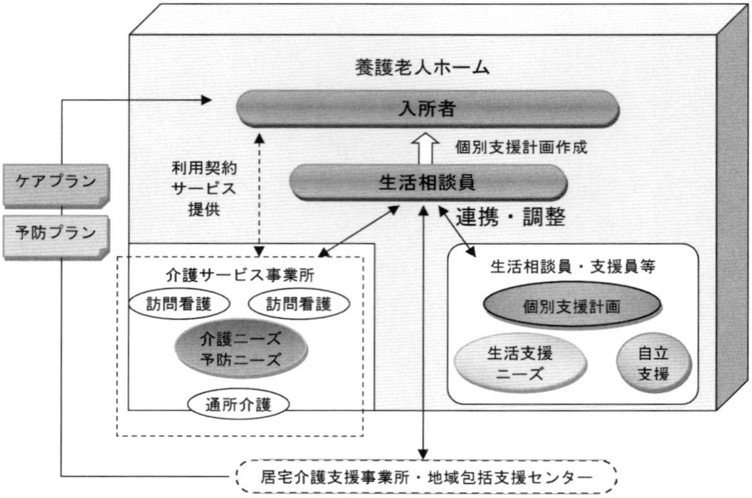

出典：（全国老人福祉施設協議会、2013）

提供が行われるという形態である。入所者自身と居宅サービス事業所との間に個別に契約が発生するので「個別契約型」と呼ばれている。

　しかし、あくまで個々の介護ニーズに関しての契約であることから、養護老人ホームの入所者の生活支援ニーズに関しては、生活相談員により個別支援計画である「処遇計画」が立案され、支援員等により個々の自立に向けた支援が展開される。このようにいわゆる養護老人ホームでない事業所によるサービスも加わるため、生活相談員による綿密な連絡や調整が非常に重要になることはいうまでもない。

(2)　外部サービス利用型特定施設(入居者生活介護)について（図表6）

　外部サービス利用型特定施設とは、養護老人ホームが特定施設の指定を受け、特定施設入居者生活介護事業所として、地域の介護（居宅）サービス事業所と委託契約を締結し、入所者に介護サービスが提供できるようにする形態をいう（この場合、外部のサービス事業所を受託居宅サービス事業所という）。

　先の個別契約型のように、受託居宅サービス事業所との間に個別に契約が発

図表6　外部サービス利用型特定施設（2006年4月より類型選択）

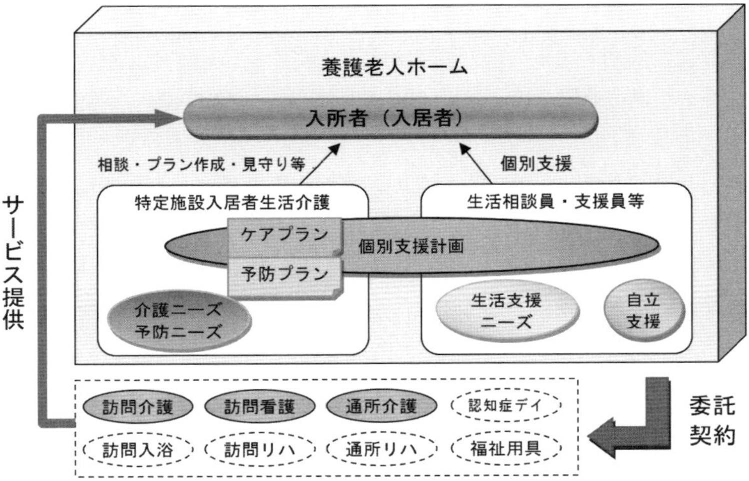

出典：（全国老人福祉施設協議会、2013）

生するのではなく、あくまで入所者自身と特定施設入居者生活介護事業所との間での契約、そして特定施設入居者生活介護事業所と受託居宅サービス事業所との間での委託契約になる。まさしく、養護老人ホームの入所者が外部の介護サービスを利活用する意味合いから「外部サービス利用型」と呼ばれる。そこでは、施設内の特定施設入居者生活介護事業所に配属された介護支援専門員（ケアマネジャー）が計画作成担当者として介護等についての入所者の相談を受け、「（介護予防）特定施設サービス計画」を立案する。

　なお、特定施設サービス計画とは別に個別契約型同様「処遇計画」が立案されるのは個別契約型と同じである。

　ちなみに、事業開始にあたって外部サービス利用型の特定施設入居者生活介護事業所の指定申請の際には、受託居宅サービス事業所のうち、訪問介護、訪問看護、通所介護に関しては委託契約の締結が必須となる。その他の居宅サービスはこの限りでない。

3　養護老人ホームの現状 │ 065

(3) 一般型特定施設（入居者生活介護）について（図表7）

　一般型特定施設は、先の外部サービス利用型特定施設と同様に、特定施設の指定を受けた養護老人ホームが入所者本人と契約を締結する。そのうえで特定施設入居者生活介護事業所の介護支援専門員（ケアマネジャー）が計画作成担当者として介護等についての相談を受け、「（介護予防）特定施設サービス計画」を立案し、そのうえで、施設が一定の人員配置等を行い、入居者に介護サービスを提供するという形態をいう。ここに示す一定の人員配置等とは、介護老人福祉施設（特別養護老人ホーム）と同程度の人員配置基準を有していることを指しており、入居者3名に対しての看護職員と介護職員の合計員数を常勤換算にて1.0以上の配置をいう。

　また、外部サービス利用型では人員配置がなかった「看護職員」の配置が必要となっており、特定契約者30名に対して1名以上が必要である。加えて養護老人ホームの設備及び運営に関する基準の一部を改正する省令により、2018年10月からは看護職員に関して老人福祉法（養護老人ホーム）の人員配置基準が見直された。一般型特定施設（入居者生活介護）の指定を受けている特定施設（養護老人ホーム）に関しては、看護職員は常勤換算での配置でよいという解釈と

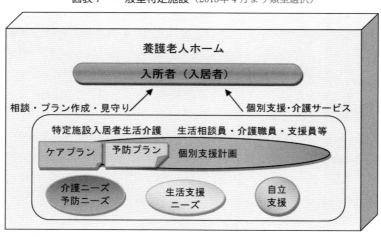

図表7　一般型特定施設（2015年4月より類型選択）

出典：（全国老人福祉施設協議会、2013）

なった。これは、各事業所間の兼務が可能となるばかりか、今後、人材確保が困難な状況においても、また多様な働き方の観点からも非常に有効なことである。

　また一般型特定施設では、機能訓練指導員の配置が必要となる。機能訓練指導員とは、「日常生活を営むのに必要な機能の減退を防止するための訓練を行う能力を有する者」を指し、「理学療法士、作業療法士、言語聴覚士、看護師または准看護師、柔道整復師、あん摩マッサージ指圧師、鍼灸師」の資格保持者であることが必要になっている。

　個別契約型のように個別に契約が発生するということではなく、また外部サービス利用型のように外部の介護サービスを利活用するというのでもない。介護保険制度創設時、有料老人ホーム等に認められていた特定施設入居者生活介護という形態、いわゆる一般的（ノーマル）な意味合いから「一般型」と呼ばれている。

　なお、この類型に関しても、個別契約型、外部サービス利用型と同様、「（介護予防）特定施設サービス計画」とは別に、養護老人ホームの生活相談員によって「処遇計画」が立案される。

⑶　3つの類型のメリットとデメリット

　これら3つの類型については、いずれも一長一短があるが、指定権者である都道府県が介護保険制度上の総量規制を訴えて特定施設を認めない、もしくは外部サービス利用型特定施設は認めるが一般型特定施設は認めないというような指導を法人に対してしているように聞く。基本的には、どの類型を選択したとしても養護老人ホームであることには変わりなく、また養護老人ホームの役割や使命は普遍的でなければならない。

　ここでは、法人（施設）が類型を選択するにあたり、筆者が共同執筆した『養護老人ホームにおける一般型特定施設入居者生活介護の指定申請に係るガイドブック』をもとに各類型のメリット、デメリットを整理したものを転載しておく（図表8）。施設関係者には、ぜひ類型選択の参考として活用していただきたい。

図表8　3つの類型のメリット・デメリット

	個別契約型	外部サービス利用型特定施設	一般型特定施設
メリット	・入居者個々のニーズに応じたサービス提供が可能。 ・専属（担当）の居宅介護支援専門員によるケアマネジメント。 ・報酬の減算が基本的にはなかった（以前）。 ・特定型より報酬高。 ・要支援・要介護者が少ない場合に選択可。 等	・養護老人ホーム（指定特定施設）と外部の受託居宅サービス事業者との委託関係（委託関係にある事業者のサービス提供）。 ・集合住宅減算とはならない。 ・兼務要件が柔軟緩和にて、各職種（生活相談員、支援員等々）の異職種の兼務可。 ・養護・特定施設等々馴染の職員にて、一体的な支援やケアが実践できる。 ・サービス提供体制強化加算の算定が可。 等	・特定施設内にて介護サービスを一体的に提供可。 ・区分支給限度基準額の対象外であり、包括報酬である。 ・要介護認定を受けていれば、契約後、介護度に応じて包括報酬の算定が可。 ・重度の要介護者でも自施設での対応が可。 ・個別機能、夜間看護、医療連係、認専ケア、看取り、処遇改善、サービス提供体制強化等の加算の算定が可。 等
デメリット	・集合住宅減算対象となるサービスも（訪問介護等）。 ・重度の要介護度となった場合の対応が困難。 ・他の事業所のサービスを使う際にトラブルとなることもあり、連携や情報の共有が複雑化。 等	・介護報酬（単位数等）が下がった。 ・区分支給限度基準額による給付管理（処遇改善加算、サービス提供体制強化加算は除く）。 ・介護の部分は出来高制（安定収入ではない）。 ・特定施設サービス計画の作成が必要（事務的負担が大である）。 ・訪介の提供時間（15分刻み）に縛られる感がある。 等	・職員配置を手厚くする必要がある（看・介護：利用者＝1：3）。※人材の確保要（地域性にもよる） ・他の介護サービス）デイサービス、福祉用具貸与等）は利用不可。 ・特定施設サービス計画の作成が必要（事務的負担） ・入居者個々のニーズに応じたサービス提供が可能だが、集団処遇的な側面への懸念あり。 等

出典：（全国老人福祉施設協議会、2015）

(4) 基本的な職員体制（配置基準と職種）

　ここまで、本節では養護老人ホームの類型やその選択について縷々記述してきたが、養護老人ホームが介護保険制度を何らかの形態にて活用するにあたって、基本的な職員体制や職種を確認しておきたい。このことは、運営する法人

にとっても、施設内においての各職種の兼務検討時に、非常に重要な基本的知識となる。

　しかしながら実際には、いわゆるローカルルールというものが各都道府県で散見される。これは、養護老人ホーム（老人福祉法）と特定施設入居者生活介護および居宅サービス等（介護保険法）の双方の側面が一方的な見方によって解釈されるために生じたものと思われる。2006年4月改正の時点では、厚生労働省老健局担当課と全国老人福祉施設協議会との協議においてすでに整理がなされている。なお、養護老人ホームの基本的な職員体制については、通常の養護老人ホームと盲養護老人ホームでは図表9のようになっており、細かい点で異なっている。

(5) 養護老人ホームとしての機能と社会資源としての価値

　養護老人ホームは、経済的な理由と環境上の理由（家族等からの虐待等含む）によって、居宅での生活が困難な高齢者について、市区町村の措置により入所が可能な老人福祉施設である。しかし、先にも述べたように重度の要介護者等が増え、今後も介護サービスが必要となる入所者の増加が見込まれることから、2015年より一般型特定施設としても認められることとなった。

　そもそも養護老人ホームは、入所者一人ひとりに対して、個別支援計画である処遇計画に基づき「社会復帰の促進及び自立のために必要な指導及び訓練その他の援助を行うことにより、入所者がその有する能力に応じ自立した日常生活を営むことができるようにすることを目指す」施設である。

　特定財源であった財源が一般財源化されて以降、被措置者数は毎年低減の傾向にあり、このことは施設に経営状況の逼迫を引き起こしている。しかし、老人保護措置費収入以外に介護保険収益が見込める一般型および外部サービス利用型特定施設入居者生活介護については、経営基盤の安定を図るうえでは重要な選択肢であるが、養護老人ホームであることのそもそもの基本理念と方針を見失ってはならない。あくまで養護老人ホームは措置施設であり、高齢者の社会復帰の促進と自立した生活を営めるように必要な指導・訓練、その他の支援をしなければならない。それゆえに、法人（施設）が一般型特定施設等への指定や類型変更等を検討する際には、養護老人ホーム本来の役割・機能を軽視す

3　養護老人ホームの現状　｜　069

図表9　養護老人ホームの人員基準（養護老人ホームの設備及び運営に関する基準第17条より）

①通常の養護老人ホーム

職　種	員　数	備　考
施設長	1	
医　師	健康管理および療養上の指導を行うために必要な数	
生活相談員[*]	入所者の数が30またはその端数を増すごとに1以上	入所者の数が100またはその端数を増すごとに1人以上を主任生活相談員とすること
支援員	一般入所者の数が15またはその端数を増すごとに1以上	支援員のうち1人を主任支援員とすること
看護職員	入所者の数が100またはその端数を増すごとに1以上	・看護職員とは、看護師または准看護師 ・一般型特定施設の指定を有する場合は、入所者の数が100またはその端数を増すごとに常勤換算1.0以上
栄養士	1以上	特養併設で入所定員50人未満の養護老人ホームでは置かないことができる
調理員、事務員その他の職員	実情に応じた適当数	調理業務の全部を委託する場合は、調理員を置かないことができる。

②盲養護老人ホームのみの基準（生活相談員・支援員・看護職員以外は上記に同じ）

生活相談員[*]	①に加え1人増		入所者の数が100またはその端数を増すごとに1人以上を主任生活相談員とすること
支援員	一般入所者[**]	支援員の数	支援員のうち1人を主任支援員とすること
	〜20	4	
	21〜30	5	
	31〜40	6	
	41〜50	7	
	51〜60	8	
	61〜70	10	
	71〜80	11	
	81〜90	12	
	91〜100	14	
	101〜110	14	
	111〜120	16	
	121〜130	18	
	131人以上は、18に、入所者の数が131を超えて10またはその端数を増すごとに1を加えて得た数		

看護職員	入所者100人以下は2人以降1〜100人ごとに1人増	・看護職員とは、看護師または准看護師 ・一般型特定施設の指定を有する場合は、入所者の数が100人以下は常勤換算2.0以上以降1〜100人ごとに常勤換算1、0人増

* 外部サービス利用型特定施設入居者生活介護事業所の指定を受けている養護老人ホームで入所者が30人以下の場合には、生活相談員が置かれない場合がある。

** 一般入所者とは、特定施設（外部利用型・一般型）で利用者と特定施設入居者生活介護（事業所）が契約を結んでいる人（特定施設入居者生活介護サービスを受けていない者）以外をいう。

要支援や要介護の認定の有無ではなく、あくまで契約の有無をいうものである。

出典：全国老人福祉施設協議会（2018）『養護老人ホーム施設内研修にかかる手引き』より、筆者が一部加筆。

ることがあってはならないと考える。

　法制度の改正以降、養護老人ホームは、入所者の重度化により"介護"という視点があまりにも職員間でクローズアップされ、場合によっては他の生活課題が矮小化して捉えられるといった状況がみられる。個々の職員の自覚までもが、"介護"だけでない生活課題への対応と制度改正による影響の狭間で揺らいでいるように思える。

　介護ニーズへの対応は、個人の尊厳を守るうえで非常に大事なことである。しかし、入所者はあくまで自分らしく生きるために介護サービスを活用するのであって、介護だけが生活課題を解決する支援ではない。職員一人ひとりが、介護というサービス対応にとらわれることなく、「養護」という基本的理念（想い）を失わないこと、そして自分自身の対人援助職としての専門性をしっかりと発揮していくことが、今後の養護老人ホームの社会資源としての価値を高め、地域包括ケアの一拠点としての役割を確かなものにするのではないだろうか。

［引用・参考文献］

安西信雄（2013）2012年度厚生労働科学研究費補助金障害者対策総合研究事業『新しい精神科地域医療体制とその評価のあり方に関する研究』

一般財団法人日本総合研究所（2018）『サテライト型養護老人ホーム等の展開に向けた基準のあり方等に関する調査研究事業報告書』

公益社団法人全国老人福祉施設協議会（2012）「養護老人ホームにおける施設内研修
　　手引書の作成に関する調査研究事業」報告書

公益社団法人全国老人福祉施設協議会（2013）「養護老人ホーム施設内研修にかかる
　　手引き（活用編）作成委員会」報告書

公益社団法人全国老人福祉施設協議会（2015）「養護老人ホームにおける一般型特定
　　施設入居者生活介護の指定申請に係るガイドブック」

公益社団法人全国老人福祉施設協議会（2017）「養護老人ホーム・軽費老人ホームの
　　低所得高齢者への効果的な支援のあり方に関する調査研究」報告書

公益社団法人全国老人福祉施設協議会（2019）「全国老施設協　養護老人ホームの被
　　措置者数に関する調査」【結果報告】

厚生労働省（2017）第4回福祉・住宅行政の連携強化のための連絡協議会　「厚生労
　　働省説明資料」

厚生労働省（2018）「平成29年度福祉行政報告例」

厚生労働省（2019）『平成29年度「高齢者虐待の防止、高齢者の養護者に対する支援
　　等に関する法律」に基づく対応状況等に関する報告書』

厚生労働省社会・援護局保護課（2016）「無料低額宿泊事業を行う施設に関する調査
　　について（平成27年調査）」

全国救護施設協議会（2014）『平成25年度全国救護施設協議会実態報告書』

全国社会福祉協議会政策委員会（2018）「セーフティネット対策等に関する検討会
　　報告（提言）の概要―『住まい』と『日常生活支援』の一体的提供による安心の
　　実現を―』

東京都社会福祉協議会東京都高齢者福祉施設協議会養護分科会（2017）『大都市東京
　　の養護老人ホーム事例集』

中野いずみ（2014）『養護老人ホームにおける相談・生活支援と環境整備に関する調
　　査研究報告』

原田啓一郎（2018）「無料低額宿泊所といわゆる『貧困ビジネス』」『社会保障研究』
　　3巻1号

山田壮志郎（2016）『無料低額宿泊所の研究―貧困ビジネスから社会福祉事業へ』明
　　石書店

4 養護老人ホームの取り組み事例

　本章では、聖ヨゼフ・ホーム、アオーラ而今、かるな和順、慈母園の4つの養護老人ホームでの具体的な取り組みを施設自らの執筆により紹介する。

　第3章で説明したように、現在の養護老人ホームは3つの類型に分かれている。また、施設で約7割の入所者に視覚障害や聴覚障害がある場合は盲養護老人ホーム等として位置づけられる。さらに、同じ養護老人ホームであっても地域の状況により様々な取り組みが展開されている。そこには、多くの試行錯誤や創意工夫がみられ、養護老人ホームを知らない読者にとっては入所者の状態像や施設の幅広い取り組みを知る契機になるだろう。また、施設関係者や自治体にとっては、今後の取り組みへの大きなヒントになるであろう。

　若干のタイトルの違いはあるが、各施設とも**1**施設を取り巻く昨今、**2**複雑な生活困難を抱える高齢者のための施設として、**3**実践からみえる未来への展望、**4**養護老人ホーム（盲養護老人ホーム）への熱き想いや課題、を大きな枠組みとして執筆いただいた。このなかでは、養護老人ホームや盲養護老人ホーム（慈母園）の施設運営や地域との協働などマクロ的な視点、施設の入所者同士、入所者と職員・地域住民との関連などのメゾ的な状況、特定の入所者に絞ったケースの紹介というミクロ的な視点も網羅されている。

　施設の設置主体や定員、併設事業所や類型、措置の実態や職員体制という状況もさることながら、入所者が入所するまでの経緯や心身の状況、入所中の施設での暮らしの支え、地域に帰れる入所者には退所に向けた支援と退所後のフォロー、最期の時まで入所を希望する入所者には看とり介護や葬儀・納骨、供養までと入所者一人ひとりのニーズに合わせ、寄り添い続けていることが実際の取り組みからみえてくる。これら実際のケースから、経済的・身体的・精神的な課題を抱える低所得高齢者の地域での生きづらさが浮き彫りになり、そこから現代社会の課題もみえてくる。入所者のケースでは単なる課題の紹介ではなく、入所者のライフヒストリーを紐解き、ストレングス（強み）を見出し、入所者に合った役割を創出することで、入所者の生きがいや自己肯定感・自己有用感につないでいること、さらには地域社会との協働から地域住民への理解へと広げていることが理解できる。それはまさしくソーシャルワークの視点に基づいた個別性の高い専門的実践といえるであろう。

聖ヨゼフ・ホーム

お一人おひとりに "福祉" を届けるという携わり
■聖ヨゼフ・ホームとして、大切にしてきたことの未来(あした)への紡ぎ

設置主体法人の名称(法人設立時期)	社会福祉法人カトリック聖ヨゼフホーム(1961(昭和36)年12月)		
(ふりがな) 施設の名称(開設時期)	聖 ヨゼフ・ホーム(1962(昭和37)年1月)	役職及び職種等	法人理事・総合施設長
氏 名 (ふりがな)	平岡 毅(ひらおか たけし)		
定員(現員)	50名(50名) ※2018.10.01 現在		
要支援・要介護認定状況 ※2018.10.01現在	自立(非該当)【 18名】 要支援①【 1名】、要支援②【 0名】 要介護①【 7名】、要介護②【 9名】、要介護③【 5名】 要介護④【 6名】、要介護⑤【 4名】		
養護の併設事業種別等	法人内には、特養、居宅サービスはあるが養護併設ではない。		
類 型 選 択 の 別	特定施設 ☑一般型 □外部サービス利用型 □個別契約型		
措置の状況 ※2018.10.01現在	A. 施設所在地市区町村よりの被措置者の数 【 12名】 B. 都道府県内(市区町村以外)被措置者の数 【 8名】 C. 都道府県以外よりの被措置者の数 【 30名】		

職員数※2018.10.01現在

	養 護 老 人 ホーム		特 定 施 設 (一般型 外部サービス利用型共通)		総　計
	常 勤	非常勤	常 勤	非常勤	
施設長(管理者)	0.5	0	0.5	0	1.0
事務員	2.5	0			2.5
生活相談員	1	0.4	1.0	0	2.4
看護職員	1.0	0	1.0	0	2.0
支援員	1.8	1.7			3.5
介護職員			8.3	2.7	11.0
計画作成担当者			1.0	0	1.0
栄養士	1	0			1
調理員	※外部委託契約				
機能訓練指導員			0	1	1
その他( )					0
計	7.8	2.1	11.8	3.7	25.4

■1 聖ヨゼフ・ホームを取り巻く昨今（2006年以降）の環境

(1) 施設所在地自治体「御所市」について

　御所市は、奈良県の大和平野の西南部に位置し、西部に金剛山・葛城山が峰を連ね、東南部の丘陵地から平地の広がる田園都市で、豊かな自然と悠久の歴史に彩られた文化遺産を今に伝える歴史ロマン漂う緑豊かな生活文化都市である。県都奈良市へは約25km、大阪の都心部へは約30kmという距離にあり、比較的便利な立地条件である。

　奈良県総務部知事公室統計課（2018年10月1日）の調査によれば、奈良県の総人口は134万70名（男性63万1465名、女性70万8605名）、また御所市は総人口2万6129名にて高齢化率は38.9％と超高齢社会が進行している。人口減少を背景に少子高齢化が加速し、介護等が必要な高齢者は増加し続けている。介護が必要になっても住み慣れた地域でいかに在宅生活を続けられるか、また介護と仕事を両立できる環境づくり等々、介護をめぐる問題への対応は、地域で暮らす高齢者や支える家族にとって重要な課題となっている。

　御所市の養護老人ホーム担当課は、福祉部高齢対策課高齢福祉係であるが、以前は同部健康増進課高齢対策係であった。2014年4月より福祉部高齢対策課と名称変更し、健康の増進はもちろんのこと介護も含めての高齢者対策として施策を実施している。なお、御所市の評細に関しては、第5章にて再掲している。

(2) 措置状況の変化と現状、今後について

　ここで、昨今の入所（措置※行政処分）のことについて少し述べたいと思う。聖ヨゼフ・ホームの所在する前述の御所市の措置者数（2018年10月1日時点）は12名であり、市外かつ県内市町村は8名で、県内の措置者総数は20名である。ちなみに、奈良県内には12施設（聖ヨゼフ・ホーム含む）の養護老人ホームがあるが、定員総数825名に対して現員総数は685名（全国老施協2018年4月1日時点での現員調査より）と欠員状態になっており、県内全体の施設入所率は83％という状況にある。また残念なことに奈良県は、2016年の福祉行政報告例では47都道府県中44番目という定員充足率となっている。地域包括ケアというしくみ

4　養護老人ホームの取り組み事例　075

（システム）が推進され、深化が叫ばれている地域のなかで介護保険制度下の施設や事業ばかりが優先先行し、結果として養護老人ホームという社会資源が活用されていないという由々しき実態となっている。また、奈良県外からの措置者数は30名であり、県内の措置者数を上回っている。

　この状況は全国的にもいわゆる「措置控え」として取り上げられ、問題・課題として提起されている。その事由としては、2005年度時の一般財源化の影響が最も大きな要因であることは言うまでもないが、養護老人ホームが所在する自治体と所在しない自治体の措置（制度）の執行（活用）状況が異なることも要因となっており、これは一般財源化以前もそうであったが、制度改正以降ますます深刻化しているように感じるところである。地方分権や裁量権という言葉があるがゆえに、技術的助言をする立場の都道府県行政も何やら"聖域"的な取り扱いになっている状況なのだろうか。介護保険制度施行後、高齢者対策や老人福祉法第11条第1項の規定はどこにいってしまったのだろうか。

　厚生労働省、都道府県、各自治体そして施設それぞれの立場にて、各々が財政面中心の協議や主張をするのではなく、将来（これから）の高齢者福祉の施策として、ともに意見交換ができるとよいと考える。

⑶　いわゆる「措置控え」に関しての具体的な取り組み

⑴　オープンセミナーと配信

　奈良県老人福祉施設協議会では、2011年より養護老人ホーム・軽費老人ホーム（ケアハウス）オープンセミナーを企画し、老人福祉施設の周知に努めている。2018年度も「養護・軽費老人ホーム（ケアハウス）についての学びとわかち〜施設のことを知らない"ひと"がいる現実にチャレンジする〜」と題してのセミナーを開催した。セミナーへは、県議会・市町村議会議員、自治体職員、地域包括支援センター職員、地域生活定着支援センター職員、居宅介護支援事業所職員、病院の地域医療連携室職員、介護老人保健施設職員、救護施設職員、矯正施設職員、民生委員・児童委員など多岐にわたる分野、職種の方が参加し、「生活・生涯支援」を必要とする高齢者のセーフティネットとして地域に存し在るべく、県内の養護老人ホーム・軽費老人ホームが担っている役割および日々の支援内容を理解いただくこと、そして地域の高齢者支援のネット

ワークの一員として認識を深めていただくことを目的とし、以下のポイントを意図的にプロセス化し開催した。

〈セミナーのポイント〉

① 養護老人ホームおよび軽費老人ホームの社会資源としての理解を深める
② 養護老人ホームおよび軽費老人ホームの入所（居）者像の共有
③ 適切な施設入所へ導く支援の必要性
④ 施設の受け入れ担当者による生の声を聴く（事例発表）
⑤ 地域で支援が必要な高齢者への福祉そのものを考える

このオープンセミナーは、奈良県内のすべてに周知するまで重ねていく、奈良県老人福祉施設協議会としての取り組みである。

⑵ "生活相談員連絡会"発足と連携・連動でのソーシャルワークの実践

いわゆる「措置控え」の定義は明確でなく、あくまで施設側からの一方的な呼称になっている。他に"措置渋り""措置離れ（担当者の異動で措置事務等そのものが数年来実施されていない状況）""措置外し（入所判定委員会の開催等時間の要する養護老人ホームよりは、軽費、ケアハウス、サービス付き高齢者向け住宅等に積極的につなげる傾向のこと）""措置知らず（ここ10年以上措置をまったく実施していないような状態）"というような、自治体の老人保護措置担当部署に対しての揶揄した言い回しを耳にする現状にある。

しかしながら、自治体の担当課職員にしてみると措置決定を控えても、渋りも、離れても、外しても、知らない状況でもないというところも少なくない。単なる窓口化ではなく、また一般財源化の影響による財政的な事由ではなく、そこには丁寧な社会福祉援助技術（ソーシャルワーク）によって、生活困窮高齢者の支援が実施されている現状がある。

問題は、自治体内に養護老人ホームが所在しないという自治体職員の認識であったり、老人保護措置費を義務的経費として認識できているか、などであろう。一方で、いわゆる「措置控え」という状況は養護老人ホーム側にもあるという自治体担当課職員の声を耳にすることがある。地域で行き場のない高齢者が自治体を通して施設につながろうというときに、いわゆる処遇（受け入れ）困難であるという理由から入所の受託を控え、渋り、離れ、外している現状が

あるという。地域のセーフティネットという高齢者福祉の最後の砦と言いながら、受け入れを断ることになると、矛盾が生じてくるというのである。ただ、施設にもその時折々の諸事情があるのも事実であり、一概に控えや渋りなどの言葉では表現できないこともある。したがって、双方の問題ではなく、措置制度や老人福祉法そのものの課題でもある。

そのような課題に対応すべく、奈良県老人福祉施設協議会養護老人ホーム部会では、"生活相談員連絡会"を立ち上げ、研修会はもちろんのこと入所時の相談や面談などを複数施設の生活相談員が協同で行う事例も多くなってきている。自身の施設でどうしても受け入れが難しい事例の場合は、施設として入所を断るのではなく、確実に他の施設が受け入れるという環境を意図的につくっていくというものであり、本連絡会での合言葉は「奈良県の養護老人ホーム全体で受け入れる！」となっている。こういった奈良県内の12施設全体でのソーシャルワーク（社会福祉援助技術）の実践そのものが本当の意味でのセーフティネットなのである。

⑷　特定施設入居者生活介護事業（介護保険制度）の活用について

聖ヨゼフ・ホームでは、重度化と生活ニーズの多様化に対して、2006年6月に外部サービス利用型特定施設入居者生活介護の指定を受け、2016年7月には、一般型特定施設入居者生活介護に類型を変更し、生活・生涯支援と介護をインクルーシブ的に提供している。

養護老人ホームの入所者は、2006年より介護保険制度の利用ができるようになったが、今後も入所者の重度化に対して介護保険制度をしっかりと学習し、また各種加算関係の理解に努め、制度の活用をより一層重ねたい。そして、既存の一般型特定施設入居者生活介護の運用を常に生活介護現場に即したものにリニューアルしていくよう、厚生労働省等に進言・提言していきたいと考えている。

❷ 複雑な生活困難を抱える高齢者のための施設として

⑴　聖ヨゼフ・ホームの評判（イメージ）とは

社会保障と税の一体改革が進められるなか、団塊の世代が75歳以上となる

2025年を見据えて、超高齢・人口減少社会を支えていくために、各自治体を主軸とした地域包括ケアシステムの構築の深化・推進が取り組まれている。

　しかしながら、どうしても"介護"に注視した支援傾向が見受けられ、実質は地域を包括するしくみになっていないという実態があるのも事実である。そのような地域にあって、施設サービス、居宅サービスが「介護機能」を中心に進むなか、一人ひとりの老いに寄り添い、いのちに寄り添う生活・生涯支援を今日まで重ねてきたのが、養護老人ホームであると確信をもって言える。実際に養護老人ホームは、経済的問題（低所得、生活保護、借金、詐欺被害等）、身体的問題（要支援要介護状態、精神障害等）、家庭問題（無縁、DVからの避難等）等の複雑な生活困難を抱え、寄る辺（頼る人や頼れるところ）や縁（身や心のよりどころ）のない高齢者のための施設として活用されている。

　そのようななか、聖ヨゼフ・ホームでは、■でも紹介したように、施設所在地市町村以外や県外からの入所の相談と措置の実施がなされている。これは、各自治体の措置担当課担当者にとって「聖ヨゼフ・ホームさんは、丁寧に話を聴いてもらえ入所を検討（受諾）してくれる」というイメージがあるとのこと。平たく言うと「聖ヨゼフ・ホームさんは断らない！」という評判（イメージ）が、複数の自治体担当職員間にあるらしい。

(2)　どうすれば受け入れることができるかという視点とマインド

　実際は"断らない"というよりも、どうすれば当施設で"その方"を受け入れることができるか、という視点で入所相談に応対することに尽きるのだと思う。筆者は、全国津々浦々の管理者または職員の研修会に講師として招かれる機会があるが、その際、職員からよく耳にするのは「最近は養護対象の人が来なくなった」「特養対象の方が入所してくる」等々入所の要件を各施設で、施設の体験や経験則、先入観によってつくり上げてしまっているように感じる言動がある。これは、重度化や多様なニーズに対して関わりに多くの時間を要する入所者は"複雑な生活困難を抱える高齢者"であり、招かれざる人、という概念が少なからずあるものと推察される。

　ここで、聖ヨゼフ・ホームにて受け入れ段階では紆余曲折はありながらも、実際に入所受諾した事例を3つ紹介したい。

4　養護老人ホームの取り組み事例 ｜ 079

(1)　重度の知的障害で、複数の養護老人ホームから入所を断られた男性

（受け入れ時60歳）

　1998年4月、自治体担当課より相談あり。重度の知的障害（当時は精神薄弱の名称）にて療育手帳A判定、日常生活全般で物事の理解が困難で発語もままならず、意思疎通が難しい状態。本人弟家族と同居中も、主介護者（弟の配偶者）の病気により介護等が困難なため本人の入所を希望しているとのことであった。しかし、相談当時当施設は満床の状態であったため、他の養護老人ホームへ相談。結果、知的障害ということと対応が困難という理由で断られての再度の相談であった。自治体と協議し短期入所ミドルステイ事業（当時の事業名）にて、同年6月より翌年1月まで受け入れ、1999年1月28日付にて当施設に措置入所となった。

　入所後、生活相談員や看護職員、支援員の献身的な携わりにより、発語も増え他者との人間関係も豊かになり本人らしく生活を営むことができている。聖ヨゼフ・ホームに繋がったあの入所日より重ねること21年と数か月、今も本人の溢るる笑顔が眩しい。

(2)　交通事故により認知症を発症していた事実が明るみになった独居女性

（受け入れ時74歳）

　2014年12月、自治体担当課より相談あり。散歩中に車との接触事故で病院に救急搬送され、そのまま入院となるも頭部裂傷と下肢の打撲での入院加療。病院の地域医療連携室より本人在住の自治体に協力依頼があり、高齢福祉担当課が支援を開始するも、本人との会話がかみ合わないことや物忘れが顕著、また物忘れが原因で金融機関より年金を出金することができない状況であることや、右大腿部の痛みのため自宅（公営住宅）の2階部分への階段の昇降が困難であるとの予測がなされた。親族は、実兄がいるも連絡が取れず、生活管理指導短期宿泊事業（当時の事業名）期限後の独居生活が困難であるため、緊急的に施設入所する必要があると判断され相談があった。自治体と協議し、短期入所にて同年12月より月末まで受け入れ、2015年1月1日付にて措置入所となった。短期入所中、自身のおかれている環境が理解できず、また物忘れにより瞬時に老人ホームに居ることや自身の家にはもう権利も荷物も存在しないことな

どを忘れてしまい、施設から出ようとするため、目が離せない状態にあった。しかしながら、GPS（グローバル・ポジショニング・システム）機能搭載の機器を活用することにより、本人の想いや行動を制限することなく自由に外出できる環境（本人の申し出により外出を許可。時間をみてパソコンで位置情報を確認し、車で通りかかり「もしよろしければ乗って行かれますか？」と言葉かけを行うというもの）を整え試行。施設全職員の弛まざる努力と粘り強い関わりによって、本人に対する支援の方向性を確立する。そして、入所に関しては職員間でも賛否両論はあったが、意見交換や協議を重ね正式な入所まで辿り着くことができた。

　聖ヨゼフ・ホームにつながったあの入所日より重ねる年月は丸3年、本人は今も不安げな表情で何度も同じ事柄を職員に尋ねにくる。しかしながら、そこには安心感を与えるような言葉かけができる馴染み（名前は覚えられないけれども顔は知っている）の聖ヨゼフ・ホームの職員がいるのである。

⑶　重度の視覚障害・ろうあ者で、救護施設での生活継続が困難になった女性
（受け入れ時79歳）

　2014年8月、自治体担当課より相談あり。本人先天性の疾病のため、幼い頃から聾唖であり弱視であった。16歳のときに両耳聴力0、右視力0.01、左視力光覚弁にて身体障害者手帳の交付を受ける。また、父母を早くに亡くしたことから、親類に引き取られ生活保護の受給を開始するも家庭および身体の事情により救護施設に入所となる。その後、別の救護施設に措置替えとなっていたが、本人の加齢によるADL（日常生活動作）の低下等により他の入所者とのトラブルが頻回となり、精神的に不安定な状態にあった。そのようななか、入所中の救護施設と措置実施機関（老人保護措置の取り扱い等の改正等により最初の救護施設所在地の前住所地自治体となる）にて協議がなされ、あわせて本人の信仰上の希望にも配慮、その結果、当施設への相談に至った。

　当初の電話での相談と事前の書面情報では、通常、盲養護老人ホームでない当施設のような一般の養護老人ホームでは受け入れが困難なケースではあった。しかしながら、先入観をもたずに救護施設での面談実施を決断。主任生活相談員、支援員等職員3名で施設を訪問し、本人と施設職員と面談し日常生活の営み等を見聞した。その内容を施設に持ち帰り、意見交換やカンファレンス

4　養護老人ホームの取り組み事例　　081

を実施。受け入れに関しての職員の戸惑い、主に「話せない・聞こえない・見えない人に対してどのように関わるのか」という職員の正直な不安等について協議し、本人の生活の様子を見聞きして得た本人のできること（強み）の内容等を共有した。

結果として、「今なら可能ではないか？　今しかない、受け入れてみようよ！」「養護老人ホームだからこそできる！」という生活介護現場職員間での自発的な入所受諾に至る。

聖ヨゼフ・ホームにつながったあの入所日より重ねる年月は丸4年、手のひらへの筆談にてコミュニケーションを図り、施設内での移動は手引き誘導、またキリスト教カトリックの聖歌を施設長と練習し、敬老会やクリスマス会等の催しにて披露するまでに発声行為が可能になっている。そこには、聖ヨゼフ・ホーム職員全員の「様々な課題はあるけれども、職員皆で情報の共有を行い、本人の生活を応援していきたい」という福祉的な想いと心意気があるからこそである。

(3)　幅を拡げ、奥行きをもつセーフティネットとトランポリン

先の3つの事例のように、電話での入所相談や書面・メール等の情報ではどうしても表面上の理解にとどまってしまう傾向があり、結果として"受け入れ難い"という判断になってしまうことが多いようである。しかしながら、デジタルではなくアナログ的な観点でもう一歩その相談のケースに寄り添うことにより、複雑な生活困難を抱える本人と"つながり"、そして"救う"ことが可能となるのである。

もし、聖ヨゼフ・ホームが先の事例において、もう一歩踏み込み寄り添うことをせずにいたならば、3名の人生はどうなっていたか。養護老人ホームの使命であり役割でもあり機能である"セーフティネット"そのものを果たせなかったのではないかとも思うのである。

研修会等にて、養護老人ホームの職員に先の"セーフティネット"について尋ねることがあるが、返答はまちまちで曖昧なことが多い。これは、サーカスのアトラクションで空中に張った綱の上を芸をしながら渡るといういわゆる綱渡りショーにて、演者が落下したときの万が一の安全対策として用意される安

全網（セーフティネット）のことを人生に例えたものである。人の生活の営み（人生）を綱に例え、その綱を上手く渡ることができなかった場合でも、必ず安全網が本人のことを受け止め救済してくれるというものであり、それが養護老人ホームだというのである。しかしながら、今までも、現在も、これからも養護老人ホームではセーフティネットの役割や機能だけにとどまらず、トランポリンという機能を付与し、本人にもう一度元の綱に戻ってもらう、もしくは元の綱は難しくとも別の人生（本人の望む暮らし）という綱をともに考え、ともにつくっていき、そしてその綱での歩み・営みに伴走していくという生涯支援を行っている。

　まさに、3つの事例の入所者もそれぞれに"自律的"な携わりや関わりが行われ、結果として個別的なケアの実践によって個々の人間関係や人生が豊かになっている。養護老人ホームとして、受け入れに際しては幅を拡げ、奥行きをもち、そして、セーフティネットとトランポリンという丁寧な携わりをするという専門性はとても大切なのだと思うのである。

❸ 実践からみえる未来への展望

(1)　時代が移ろうが創設当時と変わらない使命と役割

　老人福祉法がスタートした1963（昭和38）年より半世紀余りという長きの間、時代の移ろいとともに折々縷々の制度改正がなされてきた。聖ヨゼフ・ホームでは、創設の頃より今日に至るまで寄る辺や縁のない高齢者がつながり、住まわり暮らしている。地域や制度下ではどうしても「介護」を中心にシステムの構築がなされている。

　そのようななか、養護老人ホームは変わることなく、ブレることなく時代の要請に応え、行き場のない方や地域の放っておけない方を懸命にそして丁寧に受け入れてきた。このことは時の経過とともにさらに養護老人ホームの存在価値を高めることになっていくだろうし、いわゆる"措置"から"契約"への制度変遷一辺倒では事実救えていないということの証明にも値すると考える。

(2)　老人福祉法や高齢者虐待防止法のリノベーションを目指して

　養護老人ホームは、複雑な生活困難を抱える高齢者の生活の営みを守り、支

4　養護老人ホームの取り組み事例　083

援するべく、地域福祉のフロントランナーとしての歩みと福祉を重ねてきた。5年に1度の見直しにて、6年ごとに改正されてきた老人福祉法であるが、高齢者福祉そのものの根底にありながら介護保険制度の台頭による見え隠れの感が否めない。団塊の世代がすべて75歳に到達する2025年を見据え、またその先の超高齢社会を見立て見通したとき、老人福祉法または高齢者虐待の防止、高齢者の養護者に対する支援等に関する法律（いわゆる高齢者虐待防止法）のリノベーションが必要であり、今後その実現に向け力を尽くしたいと考える。

これからも、一人ひとりに"福祉"を届けるという携わりが地域で丁寧になされること、そしてこれまで聖ヨゼフ・ホームが大切にしてきたことを高齢者福祉の未来（あした）へ紡ぐべく、さらなる取り組みを重ねたい。

アオーラ而今

養護老人ホームが福祉の未来を切り開く

■熱い福祉の実践から

設置主体法人の名称(法人設立時期)	社会福祉法人 蓬愛会（ほうあいかい）（1985（昭和60）年6月認可）		
（ふりがな） 施設の名称（開設時期）	養護老人ホームアオーラ而今（にこん） （2011（平成23）年3月）	役職及び職種等	法人理事長
氏 名 （ふりがな）	大山 知子（おおやま ともこ）		
定員（現員）	110名（77名） ※2018.10.01 現在		
要支援・要介護認定状況 ※2018.10.01現在	自立（非該当）【 23名】 要支援①【 0名】、要支援②【 5名】 要介護①【16名】、要介護②【15名】、要介護③【 8名】 要介護④【 5名】、要介護⑤【 5名】		
養護の併設事業種別等	同敷地内にケアハウスが設置されている。		
類 型 選 択 の 別	特定施設（☑一般型　□外部サービス利用型）　　□個別契約型		
措置の状況 ※2018.10.01現在	A. 施設所在地市区町村からの被措置者の数 【 69名】 B. 都道府県内（市区町村以外）被措置者の数 【 6名】 C. 都道府県以外からの被措置者の数 【 2名】		

職員数※2018.10.01現在

	養 護 老人ホーム		特 定 施 設 （一般型 外部サービス利用型共通）		総 計
	常 勤	非常勤	常 勤	非常勤	
施設長（管理者）	0.5	0	0.5	0	1.0
事務員	0.5	0	0.5	0	1.0
生活相談員	1.0	0	1.0	0	2.0
看護職員	1.0	0	2.0	1.1	4.1
支援員	4.0	1.2			5.2
介護職員			16.0	1.5	17.5
計画作成担当者			1.0	0	1.0
栄養士	1.0	0			1.0
調理員	2.0	0.9			2.9
機能訓練指導員			1.0	0	1.0
その他（　　　）					0
計	9.5	2.1	20.5	3.0	35.1

4　養護老人ホームの取り組み事例　085

■1 アオーラ而今を取り巻く昨今（2006年以降）の環境

アオーラ而今は、宇都宮市公営の養護老人ホームの運営に民間活力を導入するため、社会福祉法人を対象に公募があり、社会福祉法人蓬愛会（アオーラ而今）がこれに応募・指名を受けて2010年1月に着工、2011年1月に完成し、8周年を迎えたところである（土地は宇都宮市のものであるが、公募条件により30年間無償である）。2011年4月にオープンを予定していたが、3月11日に東日本大震災があったため、宇都宮市の老朽化した養護施設にて入所者を過ごさせては危険であると法人で判断し、急遽3月に前倒ししてオープンした。現在、栃木県内に養護老人ホームは12施設あり、全体の稼働率は78.5％にとどまっている。当ホームは宇都宮市（中核市）でありながら72％の稼働率を推移している。ホーム概要は6階建ての個室110床と短期宿泊事業（自立の方の宿泊）の個室を5床有し、併設で5階建てのケアハウスがある。付帯施設として、ホームの敷地内に別建物で「地域交流棟」を併設している。

交流棟にはカフェ、ストレッチルーム、キッズルーム、研修室などがあり、特にカフェは地域の居場所としていつでも立ち寄れるよう無料開放している。ストレッチルームでは地域向けの健康教室を実施、研修室は地域の会議や催事、クラブ活動に活用してもらっている。もちろん、入所者もカフェは無料で楽しめるため、毎日来訪する方が多く、近隣住民の方や毎日来訪するボランティアの交流の場所となっている。

宇都宮市陽東エリアは文教地区であり、古くからの住民が多く、人のつながりも深い。また、地域ビジョン会議を積極的に行っており、「防犯・防災・子育て・高齢者問題」について自治会として「何をすべきか」を常に模索し、できることから実践してきた積極的な自治会であり、住民の安心・安全のため真剣に取り組む姿に感銘を受けてきた。このような地域だからこそ、アオーラ而今の開設後も福祉施設としての協働に積極的姿勢と行動力をもって関わり、施設の存在意義を地域住民に示している。例を挙げると、地元との「ふれあい祭り」がある。以前は道路を車両通行禁止にして小さな規模でお祭りをしていたが、共催になった2012年からアオーラ而今の敷地内で実施したところ300人以上の来客があり、アオーラの畑でとれた焼き芋を地域の方にふるまったり、焼

き芋を焼く担当を入所者が担い大盛り上がりとなった。入居者にとっても地域との交流ができる場となり、関係性が深まることで、地域にも施設にも相乗効果が生まれている。

2015年3月27日には宇都宮市初の自治会との相互防災協定も締結し、さらに関係性を深めている。さらにはアオーラ而今としても、地域ビジョン会議で提案された防犯対策について、地域の役に立ちたい思いで、「防犯灯」の設置に向け現在進行形で協議を進めている。何が地域のためにできるか、非常に明確に問題提起をしてくれる地域のまとまりに感謝している。無償の近隣愛に恵まれた地域であり、自助・共助が高いレベルで安定している。

２ 複雑な生活困難を抱える高齢者のための施設として

⑴　入所者への取り組み

① 出口支援

養護老人ホームは、入所だけの機能ではなく、生活環境が整えば在宅復帰を支援することも機能のひとつである。一例であるが、精神疾患の娘と、認知症の妻から精神的な虐待を受け、緊急保護で短期宿泊となった方が、その後、在宅復帰に目途が立たず入所となった。

入所以前は、虐待を酒で紛らわせるような生活で、アルコール依存症状態であり、そのためか何もする気もなく生活意欲もないような無気力状態であった。施設入所により、規則正しい生活を送りアルコール断ちをしたところ、劇的に生活態度が変化した。何度か隠れて飲酒し、生活指導を要したものの、見事に立ち直り、自立できる可能性があることが確認できた。行政に働きかけ、虐待をしていた妻と娘から離れて暮らすことを条件に、住居探しを支援したところ、無事契約まで済ませて在宅復帰となった。その後も、週に１度は巡回し、安全を確認する支援を続けた。飲酒の状況も確認していたが、虐待のストレスもないため、依存症に落ちる心配はないようだった。念のため、地域包括支援センターにつなぎ、困窮の状態があればすぐに受け入れる体制があることを伝え、今後の支援をお願いした。３年経過したが、現在は問題なく在宅で生活している。

(2) 就労支援

・入所者ではなく虐待理由で保護された方が短期宿泊を利用していたが、障害があり虐待事例であるため自宅には戻れず、市からも入所の打診があった。しかし、本人の働きたいとの意思表示があり、アパートを借りて仕事を探すこととなった。本人の相談に乗るうちに、マッサージの資格をもっていることや高齢者向けに働きたい意向があることがわかった。ハローワークなど就職先を探すものの、諸問題により就職は困難で、法人内で検討したところ、法人に就職することも支援のひとつであるとの意見があり、当ホームに就職することとなった。現在も、入浴後のリハビリの一環として、効果的にマッサージをすることで、入所者の健康増進に役立っている。

・入所者で、虐待により施設に入居された俳優業（テレビ出演のある）の経験がある男性は、「もう一度舞台に立ちたい」「輝きたい」と思い続けていた。虐待をしていた長男に居場所がわからないように活動を自重してきたが、本人からの熱い思いや訴えを聞いて、市と協議し、顔が見えない状況で、身元が特定されないようだったらと、地元の演劇の舞台稽古に参加し、舞台に立つまでを支援することとした。舞台当日は、当ホームの仲間達もたくさん応援に駆けつけ、感動のうちに幕を閉じた。就労支援と違う生きがい支援として、施設は、一人ひとりの特性を活かした可能性を引き出し実現するところなのだと改めて実感させられた。その方は今年で77歳だが、意欲と生きがいに年齢は関係ないことを教えられた。

(3) 自立支援

　地域の方々と交流するなかで、入所者が得意な音楽の腕を見初められて、ボランティアで来ないかとの声をいただいた。また、他のボランティアと一緒にステージに立たないかとの声もかけられた。しばらくは場所や回数などを生活相談員が管理していたが、すぐに自身でマネジメントできるようになり、今でも継続して他施設のボランティアとして演奏活動をしている。就労とまではいかないが、「必要とされる自分がうれしい」と、今では何よりの「生きがい」になっている。また、ボランティア派遣先にもとても喜ばれている。

⑵　職員の取り組み

　栃木県が介護事業所のイメージアップを図るため、働きやすい職場づくり、働く人のスキルアップなど優れた取り組みを行う事業所として栃木県キラキラ介護事業所グランプリを受賞した。取り組みの内容は法人内研究発表・全国研究発表会への積極的参加、情報共有化、ICT導入、メンター制度を利用した新人教育、ハートフルアオーラ而今運動等で、主な内容は以下のとおりである。

・研究発表

　介護の質の向上を目的として、関東ブロック老人福祉施設連絡協議会や全国老人福祉施設協議会での研究大会に積極的に参加。発表した研究内容はすべて全国大会で受賞している。特に2年目には最高賞である「なかむらひろひこ賞」を受賞した。研究発表は職員のモチベーションが上がるだけでなく、法人全体の職員にも努力が実ったときの達成感を共有することができた。そればかりでなく、利用者の生活改善をテーマに取り組むことが多いことから、その生活が劇的に改善している。職員の努力が、入所者の生活に充実をもたらすことを実感でき、職員の成長には、最善の方法の1つであることがうかがえた。この取り組みでは、法人内の各施設がライバル関係を保ちながら切磋琢磨したことが向上できる要因でもある。

・ハートフルアオーラ而今運動

　職員間でその仕事ぶりでうれしかったことや、なかなか言えない感謝の言葉を紙に書いて届けようという活動を実施。批判は記入しないルールで、日々の微々些細な良いところを投函することにしている。定期的に集計し、各人の良い行動等を発見。「ありがとう」という言葉や評価が本人の喜びと向上心につながり、2017年度の介護職員離職者はゼロとなり、成果があった。

❸ 実践からみえる未来への展望

⑴　養護老人ホームの未来

　他の養護老人ホームをもつ市町の稼働率は軒並み高いことは前述したが、当ホームにおいては稼働率が何よりの課題である。2015年度までは、年間措置者数が20人近くあったが、2016年度からは10人に満たず、その数字はどんどん悪化し、いまでは70％を前後する稼働率である。地域包括支援センターや居宅介

護保険事業所等で抱えている問題のあるケースなどは、サービス付き高齢者向け住宅に生活保護を受給させて入居を勧めるケースも見受けられる。「手続きが簡素だから」「住宅確保で、ある程度解決してしまうから」などの実態がみえてくる。本当にそれでいいのか。ケースワーク機能が働いているのか、各々のケースはそれで問題は解決したのだろうか。

　養護老人ホームの機能は、入所者の生活支援ばかりでなく、人生の終焉を迎えた以降も支援が続く。身寄りもなく、お金もない人の遺骨の行方に心を痛めながら考えるとき、火葬のみで、お経をあげられない葬儀に同行したとき、あらためてホームで供養をするとき、私たち養護老人ホームの職員はどのような状況でも、抱える問題と向き合いながら亡くなった後もその人の尊厳を守って働いている。そのような生きるうえで必要な支援をする機能をもつ施設は他にあるだろうか。私たち養護老人ホームは、すべての高齢者に幸せな生活を送ってほしいと強く思っている。様々な困難を抱え生きにくい人々が自分らしく生きていくための「高齢者の最後の砦」であり、養護老人ホームは高齢者福祉実践者の先駆けとして高齢者の尊厳をずっと守ってきたと自負しているからである。全国的には低稼働率ではあるが、時代は変わろうとも、決してなくしてはならない高齢者福祉として未来につなげなくてはならないと思っている。

⑵　福祉の使命と法人の熱き想い

　2018年の夏は「異常猛暑」であったため、地域包括支援センターなどから当ホームの短期宿泊事業5床を利用させたいという問い合わせが多かった。主に「高齢者がクーラーもなく倒れそうなので緊急の短期宿泊を受け入れてほしい」などの要望が殺到した。残念ながら、養護老人ホームには、受け入れのための決定権がない。困窮している高齢者を目のあたりにしている地域包括支援センターにも、施設で保護させるための決定権がない。特に、要支援で費用負担が困難、身寄りがない、近所トラブルなどを抱えた高齢者の緊急受け入れは介護保険と措置とのはざまで時間を要し、緊急対応でなくなるケースもある。高齢者の尊厳を守る私たち養護老人ホームにとっては、このことは非常にもどかしい。1人でも多くの困窮する高齢者を受け入れ、幸せな老後に向けて支援したい。そのことが私たちの使命であると考えるからである。

ケースとして、①夜間に警察から預かった、頭髪がマヨネーズだらけの女性に入浴・シャンプーをし、温かいスープで温まってもらったこと（朝方、探していた息子さんが迎えに来て、利用料は請求できなかった）。②名前がわからない男性を警察が保護し、市から依頼を受け預かったが、夜間急変で名前が不明のため病院の受け入れ先に苦慮したこと。このようなこれまでの数えきれない支援は、様々な困難者を受け入れる養護老人ホームだからこそできるものである。

　緊急時に支援が必要な人に、施設の判断基準でスムーズに取り急ぎ対応できる柔軟さが必要である。このことは法人としても特に熱望してやまない。様々な困難事例を抱える高齢者への支援において実践を重ねた職員のスキルがあれば、救える高齢者がたくさんいるはずである。大げさに言うならば、救える命があるのである。それこそが社会福祉法人の使命であり、そのことが法的に可能になるのであれば、養護老人ホームが過去に福祉を切り開いてきたように、未来の福祉を颯爽と切り開くことに力を注ぎたい。

かるな和順

養護老人ホームだからこそできること、すべきこと

■ "高齢者福祉の原点" としての役割を果たす

設置主体法人の名称(法人設立時期)	社会福祉法人徳風会(1963(昭和38)年3月)		
(ふりがな) 施設の名称(開設時期)	かるな 和順 (1967(昭和42) 年4月)	役職及び職種等	事務長(管理者)
氏 名 (ふりがな)	寺井 孝典(てらい よしのり)		
定員(現員)	100名(83名) ※2018.10.01 現在		
要支援・要介護認定状況 ※2018.10.01現在	自立(非該当)【22名】 要支援①【 5名】、要支援②【 3名】 要介護①【13名】、要介護②【17名】、要介護③【12名】 要介護④【 9名】、要介護⑤【 2名】		
養護の併設事業種別等	短期入所生活介護・通所介護・居宅介護支援・在宅介護支援センター		
類 型 選 択 の 別	特定施設(☑一般型 □外部サービス利用型) □個別契約型		
措置の状況 ※2018.10.01現在	A. 施設所在地市区町村からの被措置者の数 【65名】 B. 都道府県内(市区町村以外)被措置者の数【83名】 C. 都道府県以外からの被措置者の数 【 0名】		

職員数※2018.10.1現在

	養護老人ホーム		特定施設 (一般型 外部サービス利用型共通)		総 計
	常 勤	非常勤	常 勤	非常勤	
施設長	1.0				1.0
事務長(管理者)	0.5		0.5		1.0
事務員	3.0				3.0
生活相談員	2.1		1.1		3.2
看護職員	1.0	0.1	2.0	1.4	4.5
支援員	5.0	1.7			6.7
介護職員			15.4	3.8	19.2
計画作成担当者			0.5		0.5
栄養士	1.0				1.0
調理員	4.0	0.8			4.8
機能訓練指導員			1.0		1.0
その他( )					
計	17.6	2.6	20.5	5.2	45.9

■1 養護老人ホームかるな和順を取り巻く昨今（2006年以降）の環境

　養護老人ホームかるな和順は札幌市から西に53㎞、積丹半島の入り口に位置する人口１万8973人（2018年９月30日）の余市町に所在する。余市町の2015年以降の人口推計については、2040年までの25年間に１万2600人までに減少し、高齢者比率は44.6％となる見通しとなっている（国立社会保障・人口問題研究所）。加えて75歳以上の要支援・要介護認定者数は現在よりも増え、医療・介護・福祉サービスの需要に対して、今以上に労働力の供給不足が深刻化することが予測できる。

　当施設は余市町のなかでも人口密度が低く、日常生活に密接に関連する商業施設や医療機関などが少ない地域に立地している。当法人が運営する事業所は、保育所と養護老人ホームの２施設であり、養護老人ホームに併設する居宅サービス事業所としては、在宅介護支援センター・短期入所生活介護（定員５名）・通所介護（サテライト事業所含む定員33名）・居宅介護支援がある。2006年10月に外部サービス利用型特定施設入居者生活介護の指定を定員55名で受け、2016年７月からは、一般型特定施設入居者生活介護に類型変更し内包的に介護を提供している。2018年10月１日現在の契約者数は55名である。

　なお、余市町内の高齢者施設には他法人で運営する介護老人福祉施設（定員118名）と介護老人保健施設（定員126名）があり、居宅サービスについては特に通所介護事業所が増えているが、訪問介護の事業所は少ない。

　余市町の著しい人口減少により、当法人の保育園の定員は、2016年度中に120名から100名に変更し、通所介護においてもサテライト事業所を含む定員を40名から33名に変更している。養護老人ホームについては定員100名を維持しているが、2018年10月１日現在の入所者数は83名と定員を大幅に下回っている。その理由として、過去には職員の確保ができずに新規入所者の受け入れができなかった時期もあったが、一方で待機者が14名いても、入所順でご案内すると、「まだ入らない」と先送りする待機者が多いことも要因である。余市町および近隣市町村の人口動態等を鑑み、今後の入所定員について検討を要す状況となっている。

　最近の入居者状況は、精神疾患を抱えた方が退院と同時に入所する場合が最

も多く、同居人からの虐待による緊急避難入所やセルフネグレクトといった生命の危険があるような入所も少なくない。

　さらに全国的な状況と同様に、保育士や介護職員はもとより、看護職員、調理員などあらゆる職種の人材確保が課題となっている。2006年10月に外部サービス利用型特定施設入居者生活介護に指定を受けると同時に開設した訪問介護事業所の人員確保と配置は、当時はさほど困難な状況ではなかったが、2016年7月から一般型特定施設入居者生活介護への類型変更に伴い、新たに配置しなければならない職種および人員の確保は訪問介護事業所を廃止して維持しているのが現状である。通常のリクルート活動以外の人材確保のひとつとして、近隣の高校の福祉コースへ職員が介護職員初任者研修の講師として出向き、実習やインターンシップの積極的な受け入れほか、放課後にアルバイトとして採用することで応募しやすい環境をつくっている。しかし徐々に生徒数、福祉コースの選択人数が減っているため今後の人材確保対策とはなっていない。

　現在の養護老人ホームかるな和順の建物は1996年に改築した地上3階建て全室個室の施設である。施設内に段差はないが、居室面積は10.08㎡と、2006年度に設けられた新たな設備基準10.65㎡を満たしておらず、経過措置となっている。また居室内にトイレ・洗面所はなく、いずれも共同であり、2006年度の地域介護・福祉空間整備等交付金を活用し、1階・2階のみトイレ改修を行い車椅子等の多目的トイレを増設した。入所者の高齢化とともに重度の要介護認定者も増え、特別養護老人ホームと同様の設備や備品の導入も必要となっている。加えて改築後22年を経過し各種の設備を更新したいが、定員割れの状況で大規模修繕を実施する費用の捻出をどうするかが課題である。

　2005年度の一般財源化以降、養護老人ホームが所在しない市町村からの入所依頼が極端に少なくなり、地域に養護老人ホームへの入所を必要とする高齢者がいないか、掘り起こしをしてもらおうと近隣各自治体を訪ね確認した。養護老人ホームが所在する市町村については措置事務をはじめとした制度に対する理解があり入所依頼もあるが、養護老人ホームが所在しない市町村においては、介護保険制度施行後10年も経過すると、「養護老人ホーム」や「措置」を知らない自治体職員がいることが肌で感じられた。ある自治体においては生活保護を受給させ、高齢者住宅等へ住宅扶助にて入居対応することを優先、これ

が難しいようであれば介護保険の入居系施設を検討し、養護老人ホームへの措置入所はあくまでも最終的な手段であると告げられた。

さらに別の自治体からは、入所希望者の娘が余市町内在住であることから、その娘の近隣に短期間であっても一度転居し、その後に入所申請を行うよう指示されたとの相談があった。入所希望者の居住する自治体から措置をしないことで、措置費の財政負担をなくそうとするものと思われる。このように一般財源化以降、財源と権限が市町村に移譲されたことによる影響、いわゆる「措置控え」が顕著となっている。

❷ 複雑な生活困難を抱える高齢者のための施設として

人は加齢とともに何らかの支援や介護が必要となるが、養護老人ホームの入所時の措置理由については必ずしも介護が必要であるからではない。老人福祉法第11条に規定する「環境上の理由」および「経済的理由」のなかには、低所得者、アルコール依存症、精神疾患、知的障害、被虐待、触法者といった高齢者、またこれらの課題を複合的に擁することにより、社会に適応できずに地域での生活を継続することができない高齢者も含まれる。当施設の最近の傾向としては、精神科病棟に長期間入院し、退院と同時に養護老人ホームに入所する方のほか、虐待を疑われるケースの相談も少なくない。ここでは55歳で統合失調症を発症し、障害年金を受給しつつ在宅生活を継続していた女性について記載する。

63歳当時、養護老人ホームかるな和順に近隣住民より相談を受けたこの女性は、対人恐怖症により他人の支援は一切受けず、社会との関わりをもたずに1人で生活していた。精神科に通院しつつも、若いころには体力もあり何とか1人で生活を維持していたが、徐々に近隣住民が日々の行動に不安を抱き、併設の在宅介護支援センターが関わっていくこととした。関係性を築くのに時間を要したが、施設の昼食を弁当にして毎日あえて施設に取りに来てもらうようにしたことから、少しずつ人との関わりをもてるようになった。これを機に冬季間の積雪による住居倒壊の恐れがあったため、まず町営住宅への転居手続きから支援した。その他、家の中でも気温氷点下となる北海道の厳冬期であってもストーブを点けずに「暑い」と頭を水に浸している状況、夜中に自分の住む地

域外のコンビニエンスストアなどに出向いてゴミ箱を漁ってリングプル集めに奔走しているなど、一般的には異常と思われる行動を継続して見守っていく必要があった。収入は 2 か月で17万円程の障害者年金があるが、姉妹に援助するなどして常に預貯金がない状況。食事状況を確認すると、弁当以外は缶詰やインスタント麺という偏食で血圧が常に高く、インスタント麺を茹でた湯を捨て、スープを直接麺にふりかけて食べていたため、インスタント麺の作り方指導を行うなど、日常生活全般に支援を要した。これらの状況を何とかしなければならないと、主治医の精神科医師と連携して在宅生活を支援していくこととなり、信頼していた医師の助言を受け入れるようになった。65歳以降は要支援 1 の認定を受け、清潔保持と栄養・健康管理のため介護予防通所介護の利用を開始した。66歳となり、これまで過剰に町内を歩き回っていたことによる急激な腰痛の発症でまったく外出ができなくなり、閉じこもりの生活となった。66歳という年齢と腰痛の症状緩和ができれば、まだまだ住み慣れた自宅での生活を継続できるであろうと関係者間で協議し、養護老人ホームを含めたあらゆる社会資源を活用して可能な限り在宅生活を継続することを目標に支援を継続した。本人は自宅での生活に満足しつつも徐々に独居生活に対する不安が強くなり、精神状態の悪化も予想されたことから、並行して在宅介護支援センターが養護老人ホームの入所申請代行を行い症状の安定に努めた。

　当施設に69歳 6 か月で入所となり、環境の変化から関係性を築いた職員以外への対人恐怖症の症状出現や集団生活に馴染まず不穏症状が出現することが予想され、これまでの生活歴や支援経過を職員が共有し、入所後の準備と対策を十分に検討した。しかしその心配をよそに、一部の入所者と一部の介護職員との対人関係もほどなく形成された。これは精神科医師の協力のもと、支援開始後に在宅生活中に本人の意思を確認しながら対人との関わりを少しずつ増やしていったことによるものと考えられる。入所後は他の入所者同様に、服薬支援や金銭管理の助言、買い物支援以外は特段の問題もなく、定期的な精神科への受診により施設生活を送ることができていた。

　入所後 9 か月を経過したある日、これまでまったく問題なく施設生活を送っていたが、突然の精神面の不安定さとともに、食欲不振と激しい嘔吐を繰り返し緊急入院となった。診断は「水中毒」。統合失調症の慢性期によくみられ、

向精神薬による副作用の口渇により飲水の習慣化と多飲傾向となり、体内の電解質バランスが崩れることで頭痛・嘔吐・痙攣、場合によっては呼吸困難で死に至ることもある病気である。この水中毒の発症で、これまでにはなかった不穏な行動が増え、その予測不能な行動にひとつずつ対応を行った。そのなかでも常に水を飲みたいという強い思いは消えず、人目につかないようトイレの蛇口から直接大量の水を飲んでしまうこともあった。結果、症状と精神状態が悪化して入退院を繰り返し、適切な水分摂取管理のために1日4回の体重測定や行動把握など、支援員の関わりが重要となった。入所後現在までの3年半で入退院を5回繰り返し、長い時には5か月間の入院、退院から次の入院までの期間が4日間というときもあった。これは統合失調症とその合併症への知識不足と援助技術がなく、その方の気持ちに寄り添うことなく介護に重きをおいた関わりを優先したからであり、結果的に本人にとってつらい思いをさせてしまっていた。3か月以上の入院時には一時退所を検討したが、「退所」という言葉が本人の不安をあおることのないよう、自治体と協議のうえ入所を継続した。

　73歳（要支援2）となった現在は、これまで以上に施設と精神科医師との連携を密にしていることで、直近の退院から10か月間病状的には安定して施設生活を送ることができている。しかし度重なる入退院により、2018年7月までは要介護認定を受けずに一般入所者（障害者等加算対象者）として生活していたが、身体的にも環境的にも衛生面への配慮を欠くようになり、介護予防特定施設入居者生活介護のサービスを受けている。この先も不穏となり入退院を繰り返すことが容易に予測でき、徐々に介護が必要になってくると思われるが、刻々と変わる精神、身体状況を見極めて適切な関わりと介護サービスを受けつつ、最後まで養護老人ホームでの生活を継続できるよう総合的に支援していくこととしている。

3 実践からみえる未来への展望

　外部サービス利用型特定施設入居者生活介護の指定を受けた当初、入所者全員に対する処遇計画、介護が必要な方への介護計画を作成するために、養護老人ホームのための「パッケージプラン」を使用して入所者特有の課題を見出し支援していた。しかし時間の経過とともに、個々の生活リズムを無視して必要

な介護サービスをいかに効率よく計画し提供するかばかりを考えていたことが今になって思い出される。55名の特定施設入居者生活介護の契約者に対して、外部から導入される少ない訪問介護員が、施設で同時刻に実施する食事介助、口腔ケアをどのように提供するか、そして時間どおりとはならない排泄介助や入浴介助に対しては、訪問介護のサービス提供時間ルールに頭を悩ませていた。時間に追われて入所者との関わりをもてないうえに、養護老人ホームの支援員と特定施設入居者生活介護の介護職員、そして訪問介護員の三枚看板を背負い、それぞれに必要な膨大な書類の作成と記録に没頭する支援員や介護職員。まさに入所者に寄り添うことをせずに計画された介護をこなしていくだけであったのかもしれない。

　2016年7月からは、一般型特定施設入居者生活介護となったことで介護職員と看護職員、機能訓練指導員が増員され、かつ内包的に介護を提供できるようになったことから、訪問介護計画書や訪問介護記録がなくなり、書類作成と記録時間に余裕ができた。また支援・介護記録の電子化にも取り組み、その時間を入所者との関わりに充てることができている。それでも十分な配置ではない支援員や介護職員、そして専門職である精神保健福祉士の配置基準がないことで、これが適切な関わりであるのか試行錯誤しながらの支援となっている。今後は施設内研修を充実させて専門性の向上を図り、職員全体がより多くの知識を身につけると同時に、精神保健福祉士の配置の必要性も訴えている。このように精神疾患のみならず、低所得、知的障害、被虐待、触法者、そして重度の要介護者の入所など多岐にわたる課題に対し横断的に対応できる施設は養護老人ホームしかなく、その必要性はさらに増してきている。

❹ 養護老人ホームへの熱き想い

　一般財源化となり養護老人ホームへ入所することで、自治体としては措置費の全額を負担するため、財政負担が大きいと認識されがちであるが、地方交付税交付金の中には老人保護措置費分として色分けされていないだけであり、この分が含まれている。介護給付や他法優先であるはずの生活保護費は、後に保険料や国費から補填されるため負担が少ないというだけの理由で居住先を決めるのであれば、支援を必要としている高齢者の課題はいつまでも解消すること

なく、措置控えの問題もなくならない。地域には必ず制度の狭間にいる在宅生活が困難な高齢者がいて、そのセーフティネットとして全国に975施設、定員6万5422人（2017年度末　厚生労働省福祉行政報告例）の養護老人ホームがある。私たちは一人ひとりの生活を支えるために地域に出向き、入所前から入所中、退所後の支援に至るまで一貫としてソーシャルワークを実践していることを理解しなければならない。

　養護老人ホームかるな和順は、1928年より養育院として身寄りのない乳児から高齢者までの入所施設として、1947年からは養老院として高齢者に対して地域社会との関わりが途切れないように支援し続け、1967年より養護老人ホームとして現在に至る。開設時より介護とは違った様々な支援を必要とする対象者は、どの時期にも必ず存在していた。その一人ひとりに寄り添い、在宅生活を継続するにしても、施設へ入所したとしても途切れることなく手を差し伸べてきた。施設入所者への支援にとどまらず、通常業務の枠を超えて外に目を向けるアウトリーチを進める養護老人ホームこそ、地域包括ケアシステムの構築には欠かせないと考えている。養護老人ホームは「高齢者福祉の原点」として介護のみに特化せず、その時々の多種多様かつ複合的な課題を抱えた高齢者を支援し続けるという役割を今後も果たしていきたい。

慈母園

思いやりの心を広く、深く

■高齢障害者に寄り添いながら

設置主体法人の名称(法人設立時期)	社会福祉法人壷阪寺聚徳会(1961(昭和36)年3月)		
(ふりがな) 施設の名称(開設時期)	慈母園(1961(昭和36)年3月)	役職及び職種等	法人理事・施設長
氏 名 (ふりがな)	喜多 忍(きた しのぶ)		
定員(現員)	50名(48名) ※2018.11.01 現在		
要支援・要介護認定状況 ※2018.10.01現在	自立(非該当)【 18名】 要支援①【 0名】、要支援②【 0名】 要介護①【 0名】、要介護②【 2名】、要介護③【 0名】 要介護④【 1名】、要介護⑤【 2名】		
養護の併設事業種別等	法人内には、特養、居宅サービスはあるが養護併設ではない。 計画相談支援事業		
類 型 選 択 の 別	特定施設 (□一般型 □外部サービス利用型) ☑個別契約型		
措置の状況 ※2018.10.01現在	A. 施設所在地市区町村からの被措置者の数 【 0名】 B. 都道府県内(市区町村以外)被措置者の数 【 16名】 C. 都道府県以外からの被措置者の数 【 32名】		

職員数※2018.10.01現在

	養 護 老 人 ホ ー ム		特 定 施 設 (一般型 外部サービス利用型共通)		総 計
	常 勤	非常勤	常 勤	非常勤	
施設長(管理者)	1	0			1.0
事務員	0	0			0
生活相談員	3	0			3.0
看護職員	2	0.3			2.3
支援員	8	5.2			13.2
介護職員					0
計画作成担当者					0
栄養士	1	0			1.0
調理員	※外部委託契約				
機能訓練指導員					0
その他( )					0
計	15	5.5			20.5

■1 慈母園や盲養護老人ホームを取り巻く環境の変化

2006年に養護老人ホームへの措置要件の改正があった。改正前の「身体上若しくは精神上」が削除され「環境上の理由及び経済的理由により居宅において、養護を受けることが困難なもの」と変更され、視覚障害を勘案することなく、基礎自治体の入所判定が行われることが多く見受けられるようになった。またこれは一般の養護老人ホームを念頭においた改正であり、盲養護老人ホームの入所においては配慮を求める通知（2006年3月31日付老発第0331028号厚生労働省老健局長通知）が出され、「身体上もしくは精神上」の理由を有する者を措置の対象外とするものではないと通達されたが、基礎自治体の判断を変えるまでには至らなかった。

(1) 財政能力と措置入所判定の歴史

1961年に盲養護老人ホーム「慈母園」が開設され、生活保護法の養老施設として出発した。また、1963年に老人福祉法が施行されたが、そこでは老人ホームの類型が養護老人ホーム、特別養護老人ホーム、軽費老人ホームの3区分しかなく、そのため盲養護老人ホームは養護老人ホームの区分に内包された。当時の高齢視覚障害者は低所得であり、制度上の運営に疑義が生じることはなかった。また、義務的経費であった2005年までは、一定以上（例えば住民税課税所得）の高所得の高齢視覚障害者の入所判定において、前述の身体上もしくは精神上の要件を優先あるいは勘案し、障害者支援法との運営上の隙間を埋めるため入所利用されていたが、措置機関である自治体の裁量的経費に移行後は、財政優先の入所判定の例が顕著になった。

養護老人ホームの入所判定時において、財政能力をもつ当該者の処遇については、1963年の老人福祉法施行時から問題が指摘されており、同年12月7日に神戸市民生局長が相当額の収入（公務扶助料等）または資産のある者の入所措置については、本来的には軽費老人ホームまたは有料老人ホームに入所すべきであろうが、対象施設が少ないため実際的には養護老人ホームで措置しなければならない場合について、老人福祉法による全額公費でみるべきか、自由契約の被措置者として措置費全額を当該者の資産がなくなるまで本人の負担とすべ

きかを問い合わせている。それに対し、1964年2月11日社施第5号施設課長回答では、「養護老人ホームにおいて収容の余力がある場合に取扱人数総数の20パーセントの範囲内で契約入所させることが認められる者は、老人福祉法第11条第1項第2号又は同条第2項による被措置者以外の者である」とされ、さらに、「措置の実施機関は、軽費老人ホームを利用しうると判断される者に対しその旨を教示すべきものであるが、これに従わないことの故をもって措置を行わないことがないよう留意すべきである」としている。

　上記の事例は、盲養護老人ホーム入所時の事例ではないが、措置入所判定時において、財務問題の取り扱いは措置制度創設当初から問題視されていたことを示すものであり、措置制度の運用における入所希望者の財務問題に加えて、当該者の他の課題にも注視することも強調されている。

　このように財務問題の取り扱いに課題を含みながら出発した措置制度であるが、介護保険制度が始まるまでは、措置制度が主要な福祉サービスの手続きであったため、財政問題における判定矛盾も包括しながらの運用も可能であった。しかし、介護保険制度が広く社会に認知されだした2006年以降になり、措置費が裁量的経費に移行されたことも加わって入所判定時において、明確な財政優先の方針が示されたと思われる。

(2)　介護保険制度との間合い

　介護保険制度の認知が深まっていくなか、措置制度の認知のため「身体上、精神上の」要件が再度通達されるが、財政優先の方針は変わらなかった。通達が行き届いた場合でも、視覚ならび聴覚に障害をもつ高齢者も一律に身体上という要件と判断され、地方自治体によっては介護保険対象者に区別され、特別養護老人ホームに入所し、障害に対する理解や配慮がないホームの中で孤独と寂寥感を感じた高齢障害者も少なくない。措置機関である地方自治体において、専門性の高い盲養護老人ホームや聴覚障害者専用の養護老人ホームの認知が低いことも、このような事例を引き起こす要因であるが、介護保険制度における高齢障害者の処遇に関する指針がないことから、措置制度内にある養護老人ホームへの入所が必須である。介護保険制度と両立し、社会福祉の厚みが深まることが望まれるが、介護保険制度利用に偏重している。

❷ 複雑な生活困難を抱える高齢者のための施設として

(1) 初期の盲養護老人ホーム

「慈母園」は高齢視覚障害者の専門の老人ホームとして、1961年にわが国で最初に壺阪寺境内に開設された。開設地である壺阪寺は、古くから眼病に霊験がある観音菩薩を本尊とし、それに関係する霊験記も明治時代には浄瑠璃や歌舞伎などに取り入れられたことから、視覚障害者の方々のお参りも多く、そのなかには、この霊地で一生を終えたいという高齢視覚障害者の人も大勢いた。その願いを成就するため、当時の住職常盤勝憲が厚生省に日参するなど、多大な努力の末、ホームは開設された。1963年の老人福祉法施行前のことである。ホーム建設においても、勧進の行を行うなど広く普く浄財を集めた。ホームは完成し、入園する人も集まってきたが、ホーム内で高齢視覚障害者を介助する職員の手配は進まず、住職の親戚等に呼びかけ、職員2名と施設長夫妻計4名で80名を介助することからホーム運営が始まった。当時の入園者は、ホーム来園前は、入浴も数年間したことがないような衛生状態の人も珍しくなく、そのため入浴、食事などの日課提供も理解されず、ホーム運営は難渋を極めた。1963年の老人福祉法が施行され、1964年には東京・青梅市に盲養護老人ホーム「聖明園曙荘」、続いて広島・三原市に盲養護老人ホーム「白滝園」が開設され、職員の相互交流研修も始まり、高齢視覚障害者福祉の専門性についての議論が始まった。1968年には、奈良、東京、広島の3施設が集い、全国盲老人福祉施設連絡協議会が設立された（現在は特定非営利活動法人格を取得し、盲養護老人ホーム51施設、高齢聴覚障害者専用養護老人ホーム3施設が加盟している）。ホーム職員は、見えないこと、見え難いことを少しでも理解するため、アイマスク研修や基礎的な歩行訓練など専門性の高い研修を行い、高齢視覚障害者に寄り添い、お互い学び合いながら、その歩みを進めた。

(2) 高齢視覚障害者の特徴

わが国の視覚障害者数（推計）は31万人（2006年）、在宅の視覚障害数の約85％が50歳以上であり（「身体障害児・者実態調査」2006年）、生活習慣病などに起因する中途視覚障害者と推定されている。

(1) 所得の格差

盲老人ホームに入所されている人の被障害年齢では、20代以降が55％を超え、そのなかでも50代以降の高齢期に障害者になった人が35％であった（全盲老連『高齢視覚障害者にふさわしい生活拠点と支援の在り方に関する調査・研究事業』2016年）。50代の場合、多くは雇用就労期間中で厚生障害年金の対象となり、自営業等であれば障害基礎年金の対象となると思われ、障害年金受給者であっても所得の差は大きい。このように経済的な理由で入所が限定され、入所後も比較的所得が高い入所者とそうでない入所者の感情的な争いが起こったため、個別サービスを高める必要から慈母園では1984年に居室の個室化事業を行った。

(2) 生活適応力の差

入所者の被障害時と生活適応力との関係性を概況すると、以下の３つの状態に分類できる。

A：幼少期からの被害者であり、視覚障害に対する生活訓練を受けているなど、自立した高齢視覚障害者は、社会生活に適応しており、社会や他者との関係もあり、有用感も得られているが、同居人の疾病や死去などや視力の低下などの理由で入所

B：中途視力障害などの理由により、視覚障害に対する生活訓練が未習得あるいは途中であったりする場合、また、中年期、老年期において、突然の中途失明により、家庭崩壊、離婚、DV などを経験し、有用感を全く失って入所した人

C：幼少時の失明、中途失明にかかわらず、社会の適応力もあり、所得の差はあるが、老齢期の不安から、自ら入所を望み、入所した人。

これらの人が慈母園の中で生活しており、その他の特徴を挙げれば、突然の重い障害によるコミュニケーション力の低下に対する焦燥感、寂寥感も強く、また、精神障害を負われている方も多い。コミュニケーションの手段として、視覚障害者の場合、点字が有効とされるが、特に B タイプの人には、その能力を求めることは難しく、情報を正確に伝達することがホームに求められる。全体的に点字習得率は低下しており、多くは点字以外の媒体での情報取得が求

められている。

(3) 盲老人ホームの専門性
　盲老人ホームにおいて求められる専門性は高くて広いが、日常に求められる専門性を数例、列挙する。

(1) 介護ニーズの高まりとその影響
　入所者の高齢化に伴い、介護ニーズが高まるが、視覚に障害があるためか、介護を視覚的に見たことがないので、介護に対して様々な理解があるようで、介護ニーズの高い入所者への支援に時間を割くと不満を述べるなど、視覚障害に対する心理的な配慮が求められ、状況説明などのコミュニケーション能力の高さが求められる。

(2) 精神的なケア
　初期の慈母園（特に昭和40年代前半）においては、劣悪な衛生状態や栄養状態での入所される方が多く見受けられたが、近年は、明らかに経済的に困窮している、あるいは衛生、栄養の両面または片面において困窮されている方よりも、入所に至るまで複雑な経緯を辿っての入所が多くなってきている。加えて、介護が必要な方の入所希望も増えてきている。そのため、盲養護老人ホームの取り組みとして、介護と支援と相談の複合機能が必要であり、一人ひとりに寄り添いつつ、その入所者のライフヒストリーを重視しながらの支援を心がけている。また、寺院境内にあることの利点を使った宗教的ケアも取り入れながら行っている。入所者のなかには、広島に投下された原子爆弾によって被ばくし、その閃光により失明した方もいた。様々な苦労の末の入所であった。入所後、宗教的ケアも望まれ、慈母園近くの遊歩道に地蔵菩薩石像の建立を嘆願、寺も協力して建立した。毎日清掃を欠かさず精勤し、原爆で亡くなった方の慰霊と自身の浄心に勤めた。その方の永眠後も、現在の入所者にその心が伝わっており、誰かが清掃、供花し、入所者の心の拠り所になっている。また、自身の障害に対し、差別を受け続けて、その心に大きな傷を受けての入所も多くいる。そのなかで、ホームの生活で自信を取り戻し、自身のライフヒスト

リーを若い学生に話すことにより自身の傷を癒し、それとともに障害への理解を得る啓発活動を行っている入所者もいる。入所者の多くは見えない、聞こえないことのより自信を失い、傷つき、様々な精神的ダメージを負っての入所である。しかし、職員の相談、支援により自信を取り戻し、自己実現の場が与えられたならば、社会に対する奉仕をすることも可能であることを示している。

(3) ターミナルケア

　高齢障害者の1つの特徴として、単身者が多いことが挙げられる。そこには離婚経験者も含まれる。そのため、自身の葬儀の執行やその後の供養、そして自身が先祖供養の責を担っている方からの相談も多い。また、自身の財産分与についての相談もあり、弁護士や公証人役場との折衝も職員の重要な役目になるなど、ターミナルケアのソフト面においての取り組みもある。信頼おける人間関係も失っての入所も多いようで、面会などに訪れる方も少なく、葬儀の連絡等を行っても無視、あるいは、すべて任せているので参列しないなど、寂しい葬儀が執行されることが多い。取り組みとして、家族親族関係の再構築を図るため、園から定期的に生活の様子を知らせるなどしている。

(4) 社会との結びつきの再構築

　家族との関係を悪くしての入所もあるため、それらの改善なども手助けることにより、有用感をもつようにサポートも求められる。

(5) 広域福祉を求められる

　各都道府県（鳥取と富山を除く）に盲老人ホームは設けられている。東京、鹿児島、福岡、兵庫、北海道で2〜3か所、その他の府県では1か所設けられており、広域に活動している。慈母園でも、入所者の出身地も多岐にわたり、複雑な社会経験を経ての入所が多いため、その経験を傾聴することなど信頼関係の構築が必要になる。

❸ 実践からみえる未来への展望

⑴　高齢視覚と高齢聴覚障害施設の実践

　高齢視覚障害者が、園内のルールを守り、その生活のなかで自信を取り戻していく。加えて、地元の中高生とも積極的に交流している慈母園では有志が集まり、職員の指導のもと、お芝居の公演を行い、全国老人クラブの賞も受賞した。何かまだできるという気持ちを呼び起こすことは、慈母園の１つの大きな使命なのではないだろうか。

　高齢聴覚障害者専用の養護老人ホームも、全国で４か所設置運営されている（広島「あすらや荘」・福岡「田尻苑」・北海道「やすらぎ荘」高知「静幸苑」）。そのなかで、北海道・新得町の「やすらぎ荘」の概況を紹介すれば、職員に聴覚障害者を採用し、手話を学び合い、聴覚の障害の困難さを皆で分かち合い、運営されている。居室毎にモニターが設置され、日課などは絵と文字で広報され、手話があまりわからない人、障害者教育をあまり受けていない人、情操教育を受けていない人など、様々な入所者と向き合いながら生活する専門性の高いホームである。加えて、法人内には障害者支援の一環である就労支援施設が隣地に設けられており、様々なチャンネルを通じて地域社会と交流している。

⑵　地域との協働

　高齢視覚・聴覚障害、共に重い障害ではあるが、コミュニケーションの媒体にひと工夫を加えることにより、コミュニケーションが可能になる。しかし、そのひと工夫に対する啓発が足りないのかもしれない。慈母園の入所者は、現在、地元高取町の老人クラブに加入し、町主催の文化祭などにも積極的に参加している。参加することにより地域に生きる自覚が生まれてきているようである。また、地域の人達も、慈母園という施設との認識より、慈母園に住んでいるお年寄り達という認識が生まれてきている。今まで、施設運営者も、園内ですべての仕事を完結していかねばならないという使命感で運営してきたが、それゆえに地域ごとに埋もれている資源、ネットワークについての情報収集が十分になされていない。ボランティアやホーム内のクラブ活動を支える指導者、民生委員の見学等の出入りはあるが、地域住民の出入りとなると皆無である。

4　養護老人ホームの取り組み事例

慈母園は、視覚障害に対する高い専門性を有している施設であるという評価を得られ、それにより入所者に対しても大きな安心を与えているとの自負は福祉実践の場所、そして、従事する職員達ももつべきであるが、人口減少現象が明らかになり、社会が成熟し、その規模が縮小に向かっている今日において、入所者も地域住民としての自覚を促すような地域との協働作業を奨励していかねばならない。そのことにより、入所者の有用感も増し、心理的なケアも効果を増していくであろう。

　今後の高齢視覚・聴覚障害者養護老人ホームに求められる活動として、「5つのC」の活動を紹介したい。この「5つのC」活動は、多くの施設で実践されてきているが、これまで以上に社会の支持を得るため、これからは、社会に対し、わかりやすく盲養護老人ホームの役割・活動を説明していかなければ事業自体が孤立してしまうのではないかと危惧する。この活動はそれらの説明に使えるのではないだろうか。

Ⅰ　Commitment（献身的な関わり）

　高齢視覚・聴覚障害者に対する従来から行ってきた高い専門性を有しながらの献身的な関わり、施設が在所する地域の社会資源を有効に使いながら地域福祉に関わる活動。

Ⅱ　Communication（情報の発信と受信）

　高齢視覚・聴覚障害者に対して、わかりやすい情報伝達方法と中途障害者に代表される情報弱者に対しての情報伝達と広報の開発と実践、地域に対するホーム内の催事の広報により、地域住民との交流活動。また、地域の情報を得て、地域催事への参加による住民としての自覚。

Ⅲ　Coordination（調整）

　高齢視覚・聴覚障害者に対しての個別生活援助や介護サービス提供を調整。弁護士等との相談業務の調整。また、地域と協働する活動への調整。

Ⅳ　Conference（検討）

　高齢視覚・聴覚障害者に対する相談・ケア・援助記録と検討保管。それに対する研究活動とそれに取り組むホーム職員のホーム内職種キャリアアップ制度の構築。よりよい施設づくりのための地域住民との懇談会（災害対応を含む）の開催。

Ⅴ　Challenge（新しいサービスへの挑戦）

　盲養護老人ホームが開設され50年以上の年月が経過した。その間、福祉政策は様々な価値観を内包しながら、その歩みを止めていない。それは、新しいニーズが常に起こることを示している。常に新しいサービスに果敢に挑戦し、高齢障害者の豊かな人生の支えになることが求められている。

　なお、障害者総合支援法に基づく特定相談支援事業所を慈母園内に設置し、高齢視覚障害者への新たなサービス提供を計画している。

⑶　さいごに：専門性の言語化と介護保険

　高齢障害者の施設は高い専門性をもっている。しかしながら入所者の状態によって、活用される専門性が多岐にわたり、その検討作業も多大な労力を要してしまう。そのためそれらの検討作業が不足してしまっている状態である。また、施設入所にあたって、現在は、自治体の財政状況を優先して判定されてしまう現状がある。それらを改善し高齢視覚・聴覚障害者のための唯一の専門施設への入所に導くためには、一般の人がわかりやすい専門性の啓発活動も行うと同時に、高齢視覚・聴覚をはじめとする高齢期を迎えた障害者の介護保険制度における位置づけを検討する時期なのではないか。

5 地方自治体と高齢者

　養護老人ホームは老人福祉法に基づく「老人福祉施設」の1つであり、老人福祉法第11条に基づき、市町村は養護老人ホームへの措置を採らなければならないと規定している。養護老人ホームでの高齢者支援の入口に地方自治体での措置があり、この措置は「入所判定委員会」で行われている。いま、その判定内容に地方自治体によって幅があることが課題となっている。

　特に2000年の介護保険制度スタート以降、高齢者福祉施策のなかで、社会保険が中心になり措置制度の位置づけが弱くなってきた。その結果、自治体行政のなかで養護老人ホームが注目されない存在になってきている。そのうえ、2005年から養護老人ホーム保護費の国と県の負担が基礎自治体の一般財源に移行されたことから、一般財源の支出を抑制することができる支援方法、すなわち措置以外の制度を使う傾向が出てきている。その結果、定員割れ状態にある養護老人ホームが多くなっている。

　高齢者が抱える様々な生活困難に根ざして問題を解決する方策が大切だが、その際の地方自治体の役割は大きい。特に地方自治体の窓口に寄せられる高齢者の生活困難は多様で幅広く、そのなかに措置に該当するケースが含まれている。

　地方自治体において、措置の現状はどうなっているのか。本章では地方自治体の介護保険領域も含めて高齢者施策の実態をみていくが、地方自治体の施策も地域によって異なるので、地域特性を考慮し、大都市部と地方都市の事例を紹介する。取り上げた自治体は東京都葛飾区、奈良県御所市、熊本県熊本市そして熊本県合志市である。執筆者は、本来は自治体の高齢者担当職員であることが望ましいが、葛飾区以外は養護老人ホーム職員が自治体への調査・聞き取りを行い、執筆した。行政担当者ではない者が執筆している限界もあることをお断りしておきたい。また、養護老人ホームをめぐっては、その地域に養護老人ホームがあるかないかで、措置のあり方が異なる現実があることから、養護老人ホームがある自治体とない自治体の事例を取り上げた。本章の4つの自治体のうち熊本県合志市は市内に養護老人ホームがない。入所判定委員会は、合志市を含め4市町と一緒に「熊本県菊池地域」として開催している。

　さて、本章の最後に、養護老人ホームの保護費の国と県の負担が地方自治体の一般財源に移行されたことによる影響とそれへの対応策について述べた。地方自治体での措置費総額の確保方策についても解説した。それらを踏まえ、地方自治体が生活困難を抱える高齢者への積極的な福祉施策を展開することを期待したい。

東京都葛飾区における高齢者支援

葛飾区福祉部高齢者支援課長　吉田峰子

■1 自治体の概要

区政施行：1932（昭和7）年10月1日
総人口　46万2338人（23万2765世帯）
年少人口（14歳以下）　5万4048人
　　　合計特殊出生率　1.36（2016年度）
生産年齢人口（15～64歳）　29万4882人
老年人口（65歳以上）　11万3408人（高齢化率24.5％）
　　　前期高齢者　5万4486人
　　　後期高齢者　5万8922人（うち100歳以上169人）
生活保護受給率　30.4‰
　　＊出典：住民基本台帳人口（2018年10月1日現在）、人口動態統計（東京都福祉保健局）、福祉行政・衛
　　　生行政統計月報2018年10月（東京都福祉保健局）
◆**地理的な位置**：日本橋の全国里程元標から区の中心地点（京成青砥駅）まで、およそ
　10.1km。東は江戸川を境に千葉県松戸市に、西は足立区・墨田区、南は江戸川区、北
　は大場川を境として埼玉県八潮市・三郷市にそれぞれ接している。
◆**歴史・文化・自然**：荒川・中川・江戸川の「水」、掘切菖蒲園や水元公園にあふれる「緑」。
　23区随一の自然に恵まれた潤いのあるまちである。今も昔も変わらぬ人情味ある下町
　のぬくもりがあふれ、映画『男はつらいよ』に由来した「葛飾柴又寅さん記念館」には、
　柴又の風情あふれる町並みと寅さんの面影を慕う多くの人が全国から訪れる。近年
　は、漫画『こちら葛飾区亀有公園前派出所』や、葛飾区出身の高橋陽一氏による漫画
　『キャプテン翼』のキャラクターを活用したまちづくりも進めている。また、日本有
　数の工場集積をほこり、日本の経済を根底で支える産業都市としての一面も有し、職
　と住の近接した賑わいのあるまちでもある。

■2 高齢者の実態と介護、福祉

⑴　介護、福祉の特徴と課題

⑴　介護と生活支援

　医療・介護とも将来に向けて需要が増大することが予想されている。在宅療
養患者数も伸び続けることが予想されており、在宅療養支援診療所や認知症サ
ポート医、介護保険サービス事業所等は増えてきているが、介護職をはじめと

して人材確保が課題である。また、医療と介護の連携のため、葛飾区在宅医療介護連携推進会議や、医師会に設置している医療連携相談員等の取り組みを進めているが、さらなる関係の強化が必要である。

(2)　介護予防

　介護予防・日常生活支援総合事業や一般介護予防事業として、区民の介護予防自主グループの支援を進めている。筋力向上トレーニング・脳力トレーニング（手指の左右非対称の運動等で理解力・記憶力・判断力を養うプログラム）・回想法・うんどう教室（公園に設置した器具を使った運動）は、自主グループへの移行を前提とした教室の開催と区民のトレーナー養成を進め、2017年度末で100を超える自主グレープが活動している。また、2018年度からは、介護予防・日常生活支援総合事業の住民主体サービスとして、ミニデイまたはサロンの運営助成を始めたが、半年で30を超える団体が活動を始めている。

　区内には、生涯スポーツや生涯学習、健康づくりの事業のほか、老人クラブでのスポーツ活動や自主的に活動されている団体も多くあるため、今後は、それら広く介護予防につながる情報を集め高齢者に紹介していくしくみづくりが必要である。

(3)　生活支援

　介護保険サービスや在宅サービスは多数の事業が行われているが、区民のアンケートから「事業内容がわからない」「事業の存在を知らない」といった声が上がっている。また、地域のボランティアや民間サービスまで、区や高齢者総合相談センター（地域包括支援センター）が把握しきれない部分もあり、高齢者の生活に役立つ情報収集について、生活支援体制整備事業の推進とも連携して進めていかなければならないと感じている。

(4)　住まい

　これまで、介護保険サービスとして特別養護老人ホームをはじめとする施設サービスや認知症対応型共同生活介護等の地域密着型サービスの整備を進めてきた。一方、高齢単身世帯等、住宅を借りたくても借りられない方に対し、改

5　地方自治体と高齢者　113

正住宅セーフティネット法も踏まえ、貸主・借主双方の不安を解消し、地域で暮らしたい方が安心して暮らせるよう、既存の資源や制度のはざまでの困難事例を洗い出し、対策を検討するため、住宅担当部署と組織横断的な検討を始めたところである。

(2) 地域包括支援センターの連携状況

葛飾区では、地域包括支援センターが高齢者の総合相談窓口であることが容易にわかるよう、2012年4月1日から「高齢者総合相談センター」という通称名を使用している。区内を7つの生活圏域に分け、生活圏域毎にセンターを2か所（うち1か所は分室）を設置しており、運営は社会福祉法人または医療法人社団に委託している。

(1) 高齢者総合相談センターの認知度

区の「高齢者の生活に関する調査」（対象は65歳以上）によれば、高齢者総合相談センターを知っている、利用したことがある区民の割合は年々増加している。64歳以下については、調査結果がないため実態がつかめないが、区役所の窓口に来る家族では存在を知らない方もおり、高齢者の困りごとにおける身近な相談窓口として、さらなる周知が必要である。

(2) 活動状況

図表1のとおり、高齢者総合相談センターへの相談件数は、2017年度実績で、実人員数2万1911人、相談延件数で7万294人であった。相談の内容は、介護保険サービスが一番多く、次いで医療関係であり、数は少ないが消費者被害の相談も増加している。高齢者の何でも相談窓口として認知度が高まってきているが、相談内容が多岐にわたり職員の負担が増している。区役所の各担当部署等の情報をわかりやすく高齢者総合相談センターに提供するとともに、専門的な相談はスムーズに担当部署や機関に引き継げるしくみづくりが求められている。また、制度の適用の判断が難しいにもかかわらず、生活困難状況が続くケースも増えており、連携先が複数になることも多い。庁内や関係部署が、課題を認識し連携を強化していく必要がある。

図表1　高齢者総合相談センターの相談および地域との連携状況

①相談件数

| 実人員数 | 21,911人 | 相談延件数 | 70,294人 |

②相談者内容区分（延件数、重複あり）

あんしんネット	908	医療関係	17,568
家族間調整	4,512	施設入所	5,680
成年後見関係	2,073	措置関係	603
消費者被害	216	在宅福祉サービス	10,491
虐待関係	1,928	年金等経済関係	6,320
認知症関係	7,968	その他	17,481
介護保険サービス	35,057	65歳未満	1,063
介護方法	5,687	合　計	117,555

③地域等との連携

もの忘れ相談会（認知症相談会）	19
認知症サポーター養成講座	100
認知症サポーター活動支援	39
認知症高齢者家族会	49
出前講座（地域からの要請で出前講座を行う）	136
ネットワーク構築会議参加（自治町会、民児協、老人クラブ等の会議参加）	159
地域ケア会議（個別ケース検討型、虐待除く）	26
地域ケア会議（地域課題解決型）	43
家族介護者教室	19
介護予防教室	18

また、相談窓口として、養護老人ホームの入所相談を受け、高齢者支援課につなぐことはあるが、区内の養護老人ホームが地域ケア会議に出る等、高齢者総合相談センターと養護老人ホームが直接連携する部分は少ない。

3 高齢者支援課に寄せられる相談内容

介護を含め困難な状況を抱えた世帯については、高齢者総合相談センターがまず対応しつつ、特に困難な事例や措置が必要な場合高齢者支援課が関わりを

5　地方自治体と高齢者　115

深めながら、対応を行っている。その他、高齢者総合相談窓口として、高齢者支援課に直接相談が寄せられることもあるが、継続した関わりが必要な場合は、制度の案内をしつつ、担当の高齢者総合相談センターにつなげている。

相談者については、高齢者総合相談センター等の関係機関もあるが、本人や親族のほか、友人・知人・近隣住民の方からの相談も多い。一人暮らしであっても近隣の方々の支えで暮らしてきた方が、認知症等など状態の変化で生活が難しくなり相談に来られるケースもある。高齢者の孤立事例も多く課題を認識しているが、近所付き合いも残る地域特性も感じている。

(1) 徘徊高齢者・認知症高齢者への対応状況

高齢者支援課に相談が入るケースとしては、高齢者総合相談センターが継続的に関わりつつ課題が多いケースと、今まで相談や介護サービスがまったくなく警察等の通報で関わるケースがある。

高齢者総合相談センターと一緒に関わるケースでは、一人暮らしまたは夫婦とも認知症等、介護者不在のケースが多い。一人暮らしの方の場合、医療・介護両方に拒否が強いケースも多く、職員が関係をつくりながら介護サービス導入等を試みる。金銭管理ができないケースも多く、詐欺被害が疑われたり公共料金等の支払いが難しい状態であっても、本人の拒絶が強い場合は成年後見制度をすぐには申し立てられない。関係をつくりながら少しずつ支援の受け入れを試みる。毎朝始業時に高齢者

図表2　高齢者支援課の相談状況（2017年度）

相談内容	件数（割合：%）
徘　徊	46 (2.2)
安否確認	47 (2.2)
やむを得ない措置関係	55 (2.6)
養護老人ホーム入所等相談	162 (7.6)
施設入所等相談	142 (6.7)
認知症相談	292 (13.7)
福祉サービス	49 (2.3)
経済的事項	198 (9.3)
家庭的事項	191 (9.0)
保健・医療に関すること	113 (5.3)
住　宅	77 (3.6)
介護サービス	175 (8.2)
高齢者虐待	234 (11.0)
それ以外	353 (16.5)
合　計	2,134

注：高齢者支援課高齢者相談係の集計

支援課宛に「お金がなくなった、お前が盗んだ」と電話する方もおり、落ち着くまでお金の状況を説明している。介入方法を探りながら支援を続けるなかで、状況が悪化し警察に保護され緊急保護になる場合もある。本人の意向と心身の状況をはかりながら、どのような支援を入れていくのか、本人の「家にいたい」という気持ちと、セルフネグレクトとして保護すべき状況なのか職員も悩みながら支援をしている。なお、葛飾区では、2018年度から、区内の認知症疾患医療センターと連携し認知症初期集中支援チームを立ち上げ、困難ケースへの初期支援を行っている。医療の介入拒否が強いケース等は、チームと連携しながらの支援を始めたところである。

　一方、今まで行政等にまったく情報がなく、警察等への通報から支援を開始するケースが増えている。徘徊中に通報されて警察が保護したり、住居で小火を出す等の問題を起こし通報されるケースである。

　身元がわからない場合も年数回ある。身元がわからない場合、警察の事情聴取のあとシェルターに保護し、食事等をとり落ち着いた状態で、あらためて職員が話を聞き所持品や衣服の状態から情報を探す。また、「行方不明認知症高齢者等情報共有サイト」（東京都保健福祉局・神奈川県・埼玉県・茨城県・栃木県・千葉県・群馬県・警察関係部門と連携）に情報を登録し、近隣に情報を共有する。最近は、警察より早く、他地域の高齢者担当部署がこのサイトで情報を得て、身元がわかるケースも増えている。葛飾区は東京都の東の境で千葉県および埼玉県にも隣接しているため、県を超えた情報提供も重要である。

　身元がわからない方も含め、今までの相談歴がなく家族もいないケースの場合、心身の状況がわからない点が難しい。徘徊高齢者の場合、警察や役所では落ち着いてみえても、シェルター保護後、施設で夜不穏になり動き回る、暴れて施設職員にけがをさせる、他の入所者に危害を加える等の行動を起こすことも多い。医療にかかるにしても、今までの病歴もわからず、受診できる医療機関探しから始まり、本人の金銭所持状況、医療保険の状況、生活保護の相談など関係機関との調整を行いながらの支援のため、職員の負担は大きい。なお、最近は警察との関係において、職員が人的な関係を築き、双方で協力しながら対応する体制ができつつある。

5　地方自治体と高齢者　117

⑵　高齢者虐待、家族に関すること

　高齢者の虐待に関しては、介護負担だけを理由とするだけではなく、もともと世帯全体が困難を抱えており、親等が高齢期を迎えたことで虐待につながっている傾向があると感じる。

　親子世帯において、子どもが精神的または知的に何らかの課題をもちつつ、親が長年世帯のなかで課題を抱えて外部の支援が入らない状態が続き、親自身に介護が必要になって初めて、地域や周辺が気づいて通報したり、親自身が相談にやってくる。多くの世帯で、収入が親の年金だけであり、公営住宅を親の名義で借りていることも多い。虐待の解決のために、世帯の分離を調整しようとしても、収入がないことや公営住宅の入居基準に該当しなくなることから、家族が非常に抵抗することもある。家族に対しても自立支援や生活保護の支援をつなげていかなければならないが、時間がかかり結果として高齢者のシェルター保護期間が延びていく。また、家族が介護サービスの提供者や区の職員に暴力的な言動をすることもある。このようなケースについても、警察に相談しながら場合によっては訪問に同行を依頼し対応している。

　虐待により高齢者を緊急で保護した場合も、虐待を行った家族に精神疾患の疑いがあり、そちらにも支援を同時に入れないと生命が危ないこともある。子から暴力を受けて親をシェルターに保護したケースでは、子がひきこもり状態のこともよくある。シェルター保護後、親が子の状態を心配し、「食事もできないと思う、殺されてもよいので帰る」と言うこともある。子に対しては、親族を探したり、保健所等と連携しながら精神科受診につなげたりの調整を行うが、子に対する支援受け入れの説得や医療機関探しなど、困難な調整が多い。

　40歳代・50歳代のひきこもりの家族がいるなど、家族全体への支援の必要性が高い状態にもかかわらず、介入方法や支援制度の適用が難しいケースも多い。また、制度の所管も複数にわたり迅速な対応に苦労する部分もある。身体・知的・精神障害等について早い段階からの相談体制や、自立支援などがうまく関われない状態が続いた結果、高齢者虐待等で生活が破たんしてしまう面があると推測され、高齢期だけに視点をあてた対応では限界がある。障害について幼少期からの相談支援や心身を含めた自立支援対策の強化が結果として、高齢者の困難事例の減少につながると考えており、常に関係部署への働きかけ

が重要であると考えている。

❹ 養護老人ホームへの措置の状況

(1) 措置の状況

措置の状況をみると、2018年10月1日現在の措置人員総数は173人である。その内訳は、区内の施設への措置が72人、都内の施設への措置が86人、都外の施設への措置が15人となっている。

措置の年度推移をみると、2003年度では延べ措置数は2210人、2008年度1651人、2013年度 1595人、2017年度 2240人と推移している。措置人数は2003年度に177人、2008年度 138人、2013年度 139人、2017年度 171人となっている。申請者数は、2003年度は12人であったが、2017年度には55人と増加してきている。2017年度の判定数は55人であった。

入所判定委員会の構成員は5名で、その内訳は、医師2名、高齢者支援課長、保健師、老人福祉施設長がそれぞれ1名である。

(2) 養護老人ホーム入所前の住居の状況

2017年度の判定会資料から、大まかな傾向をつかむため入居者の状況をみると以下のようになる。判定後の取り下げ者等を除いたため、総数は2017度判定の数と一致しない。また、判定者の状況は、資料から推察した部分もあるため、判断は筆者によるものであり公式なものではない点に留意願いたい。

①入　所：緊急入所　14人　　　　　　判定会後の入所　31人
②入所前の住居情報
　借家・公営住宅（単身）10人　　　　厚生施設等　7人
　自宅（同居）6人　　　　　　　　　病院（精神科）6人
　借家・公営住宅（同居）5人　　　　自宅（単身）2人
　介護保険施設　2人　　　　　　　　措置変更　2人
　有料老人ホーム（サ高住含む）1人　その他　4人
③立ちのき・強制退去等　9人
④認知症・精神疾患を有する者（可能性があるものを含む）19人
⑤虐待　6人

入所時期については、住居の立ち退きや、病院・施設からの退所時期が迫っ

ている、虐待等の理由で、緊急入所後に判定会にかけるケースも多い。また、精神科に長期入院し在宅生活を長年経験しないまま高齢になり一人暮らしが困難なことが予想される例や、要介護度は高くないが認知症があり一人暮らしが困難な例も多い。住居の立ち退きなどが直接の入所希望のきっかけであっても、生活の状況を調べると身体や認知・判断能力になんらかの課題があるケースの方が多く、区内の養護老人ホームでも要介護認定または障害者等加算対象者が増えている。「経済的に課題があるが元気な高齢者がいる施設」というイメージの施設ではなく、介護保険施設は対象外だが在宅は困難な方の最後の砦の1つになっていると感じている。

(3) 一般財源後の影響の有無とその内容

当時の職員に聞き取りを行った限りでは、財源の一般財源化により措置の判断を変えた方針はなかった。措置数の推移は、すでにみたように2003年度に比べて2013年度の数が減っているが、申請受理や判定数は増加傾向にある。措置数の減少の要因ははっきりしないが、以前からの入居者が身体状況の変化に伴い介護保険施設へ移行したケースもあると推察される。また、近年は養護老人ホームへの措置人数は増加傾向にある。

5 養護老人ホームの役割や存在意義

介護保険制度や生活保護制度等の制度だけでは、在宅生活が難しい方がいる。特に、ADLは自立に近く要介護認定が出ない、または介護度が低くても金銭管理能力が低い、収入や年齢を理由として住居の賃貸借契約が難しい、虐待を受けている、精神科への長期入院で在宅での生活経験がない、食事管理ができない等の方は、現状の制度のなかでは一人暮らしの支援は難しくなってくる。

養護老人ホームは、経済状況や成育歴、家族状況の課題を抱え、在宅での一人暮らしが困難な方が、地域と関わりながら生活することを支援する役割があると感じている。また、養護老人ホーム入所後も、経済状況や身体状況の変化により、地域での在宅生活支援に移行したり、介護保険施設への入所を調整するなど本人の状況に合わせた支援を行っていくことも重要である。

介護保険サービスや在宅サービスが充実してきても、制度のはざまで、生活困難なケースは存在する。生活のセーフティネット策の１つとして、養護老人ホームを活用していくため、今後の整備のあり方や財政支援について検討されることを望むとともに、多様化する高齢者の生活困難に対応するため、地域が関係部署と連携を強化できるよう国や都としても省庁横断的な支援策を構築していくことを期待する。

奈良県御所市における高齢者支援

平岡　毅

■1 自治体の概要

市政発足：1958（昭和33）年３月31日
総人口　２万6129人（１万2084世帯）　*2018年10月１日現在
年少人口（14歳以下）　2105人
生産年齢人口（15〜64歳）　１万3859人
老年人口（65歳以上）　１万165人（高齢化率38.90％）
　　　前期高齢者　4710人
　　　後期高齢者　5455人
生活保護受給率　28.11‰　*2018年８月31日現在
　　　*出典：住民基本台帳人口（2018年）

◆**地理的な位置**：面積は60.58㎢で、奈良県大和平野の西南部に位置し、西部に金剛山・葛城山が峰を連ね、東南部の丘陵地から平地の広がる緑豊かな自然に恵まれた田園都市。県庁所在地の奈良市へは北北東に25km、大阪都心部へは北西に約30kmの位置にあり、JR和歌山線や近鉄南大阪線・御所線、国道24号線や県道30号御所香芝線経由の高速道路網で連絡しており、奈良市、大阪市のいずれも１時間圏内にある。
　2012年に京奈和自動車道御所ICが、2015年には御所南ICが、2017年には和歌山市まで開通したことで、南西部へのアクセスが容易になった。

◆**歴史・文化・自然**：「古事記」や「日本書紀」には現在の御所市を本拠地とした大和朝廷の時代の豪族葛城氏・巨瀬氏に関する記事が多く見られ、現在にも史跡・古墳や社寺などが多く残されている。時代を下っては桑山氏の城下町であったことから、物資の集散地として、また寺内町として発展し、江戸時代の御所町は商都として栄えた。農業は稲作を中心としながら、柿、しいたけ、山芋など地域特産物の栽培や、施設園芸、酪農なども行われており、都市近郊型の農業として期待が高まってきてい

5　地方自治体と高齢者　｜　121

る。

　大都市近郊にありながら、自然が豊かなことも特徴の1つ。つつじの名所として多くの観光客を集めている葛城山をはじめとする自然、「葛城の道」「巨瀬の道」「秋津洲の道」の歴史探訪ルート、役行者ゆかりの史跡などにも恵まれ、観光・レクリエーションの地として多くの資源を有する。

❷ 高齢者の実態と介護、医療、福祉

(1)　高齢者の実態と介護、福祉

　国立社会保障・人口問題研究所の発表によると、2040年の推計人口は1万7719人、老年人口は2020年をピークに減少に転じ、40年には8267人、高齢化率は46.7％と予測されている。

　少子高齢化、人口減少は全国平均より15年早く進んでおり、独居世帯、老々世帯の増加、心身機能の低下、セルフネグレクトや認知症の多発に伴い、孤立化や孤独死が増え、日常的にも通院、買い物など、社会的な支援を必要とする高齢者がますます増えると予測される。

　このようななか、高齢者が健康でその有する能力に応じた自立した日常生活を送ることが、高齢者にとっても社会全体にとっても極めて重要である。高齢者が住み慣れた地域で健やかに暮らしていけるよう相談体制、支援体制を充実させ、介護保険事業などを適切に実施することはもとより、高齢者の生活機能の低下を未然に防止する介護予防・健康づくりの推進や社会参加の促進による生きがいづくり、住民同士が地域で支え合う体制の構築など、医療・介護・生活の支援を一体的に提供する地域包括ケアシステムの推進、深化が必要であろう。

　御所市としては、第7期介護保険事業計画及び高齢者保健福祉計画の主旨を踏まえ、以下の取り組みを進めていくとしている。

・高齢者の心身機能の維持向上、地域の通いの場である生き生き百歳体操の活動支援、各種教室の開催、生きがいづくりの拠点であり、高齢者の集いの場でもある老人福祉センター、介護予防センター、老人憩の家の整備、維持管理に努める。

・高齢者が可能な限り居宅において継続して日常生活を営むことができるよう、高齢者福祉サービスの安定的な供給体制の確保を図るとともに、要介護状態への移行を未然に防止するための介護予防への取り組みを強化する。

・高齢者が住み慣れた地域で安心安全な生活を継続することができるよう、地域包括支援センター、在宅介護支援センター、介護事業所、医療機関、民生委員協議会、社会福祉協議会、地域住民等による地域のネットワークにより、地域全体で高齢者の暮らしを支える体制の強化を図る。

・高齢者がその豊富な知識や経験・技能を活かし、生き生きと活動できるよう、シルバー人材センター等を活用した高齢者の就労を促進、老人クラブや友愛活動推進組織などへの社会参加の促進を図るなど、地域のすべての高齢者が参加できる場の創出により、生きがいづくりを推進する。

・高齢者の生命・生活が危ぶまれる事態に対しては、警察署や消防署、施設、地域との連携や各種介護福祉サービスの提供をもって対処し、高齢者の生活の安心安全を守る救護的施策に努める。

・認知症の早期症状における悪化防止のための専門医療機関への受診や成年後見人の擁立等、支援体制を構築し、認知症の人やその家族に対する総合的な支援を行う。

・住み慣れた地域で住みやすい暮らしを支えるため、NPO、ボランティアグループ、生活支援体制整備協議体、社会福祉法人等の地域機関と連携しながら、介護保険外のきめ細かなインフォーマルなサービスの提供体制を構築する。

(2) 地域包括ケアシステムについて

第7期介護保険事業計画及び高齢者保健福祉計画では、「地域包括ケアシステム実現に向けた施策展開」について以下の8つの推進施策を掲げている（同計画第5章）。

① 健康づくりと介護予防の推進
② 介護予防・日常生活支援総合事業の充実
③ 地域における包括的な支援体制づくり

5　地方自治体と高齢者 ｜ 123

④ 認知症の人への対応と家族・介護者への支援

⑤ 高齢者の尊厳への配慮と権利擁護の推進

⑥ 高齢者の生きがいづくりと社会参加への支援

⑦ 高齢者の住まいと介護サービス基盤の充実

⑧ 介護保険制度の円滑な運営

　この8つは地域包括ケアシステムの理念・主旨を箇条書きにしたものであるが、これらの施策は独立したものではなく、例えば④の課題には③⑤⑦、場合により②⑧が密接に関係してくる。このことは、高齢者支援課や地域包括支援センターの業務に携わる人員は幅広い知識・技能が必要なことを示している。包括の専門職はもとより、自治体の一般事務職員においてさえ、介護保険の基本的知識はいうまでもなく、高齢者支援のノウハウ・スキルが求められているのである。しかし、そのような人材は一朝一夕に育つものではない。今はこのメンバーで何とかやっていけているが、リーダーが人事異動でいなくなったときに誰が指揮するのか、という危惧はよく出る話である。自治体の定例人事異動、退職による組織の機能低下等、支援の質を落とさないよう、業務の継承・持続性確保をいかに行っていくかが重要な課題である。

　また、高齢者支援担当係、介護保険担当係、直営包括の人員は15人程度であるが、この人員で上記8つの施策をよどみなく進めていくのはオーバーワーク状態というのが現実である。日中は、介護認定の申請受付、当事者や関係機関へのアウトリーチ、連絡調整に時間を費やされる。夕刻から夜間に、記録の整備、データ入力、翌日の段取り、不在の連携機関への再連絡をする。そのかたわらで、県からの調査報告資料作成、給付費予算執行、総合事業サービスの指定業務、ケアマネジメト（給付）管理、国保連への請求事務、そして施設の大規模修繕等をこなす。ソフト・ハード両面からの内部事務を含めて高齢者施策全般を15人で請け負っており、職員の負担は大きい。割り当てられる人員でカバーできないほど、高齢化による諸問題が増えてきているのである。課題・問題の増加に人員が追いついていないという状況である。

⑶　地域包括支援センターの連携状況

　地域包括支援センターは、当市直営で同高齢対策課内に在しており、高齢者

等相談も同窓口で実施している。同課課長がセンター長を兼務していることもあり、より綿密な連携がなされ効率的なソーシャルワーク機能が包括的に発揮されていると言えよう。

3 高齢者支援課に寄せられる相談内容

　図表3は高齢者支援課での相談の初期段階での相談状況である。専門的・継続的な関与または緊急の対応が必要と判断した場合には、当事者への訪問、当事者に関わる様々な関係者からの情報収集を行い、当事者に関する課題を明確にし、適切なサービスや制度につなぐ。同時に、当事者や当該関係機関から定期的な情報収集を行い、課題解決の進捗も確認している。

　最近の傾向としては、親子関係のひずみや8050問題等の家族間の問題、認知症高齢者を取り巻く地域住民からの不安、苦情など、複合的な課題を抱えているケースが増えている。また、1ケースに対しての関わりの頻度は多くなり、期間も長くなってきている。

4 養護老人ホームへの措置の状況

(1) 措置の状況

　御所市における養護老人ホームへの措置状況は、御所市内施設への措置人数13人、県内市外の施設への措置人数4人、県外の施設への措置人数0人（2018年10月1日現在）である。聖ヨゼフ・ホームに13人、美吉野園に3人、慈母園に1人を措置している。なお、2018年10月1日現在には、聖ヨゼフ・ホームに13人、美吉野園に3人措置している。

　最近の傾向として挙げられるのは、認知症高齢者に対する家族（配偶者、親族）からの身体的・精神的虐待、同居の子から高齢の親に対する介護・医療放棄等のネグレクト、年金搾取等の経済的虐待、身寄りのいない、または養護を放棄された在宅生活が困難な認知症の独居高齢者が増加している。また、サービス付き高齢者向け住宅の閉鎖等により措置入所に至ったケースもある。

　代替場所への誘導としては、生活管理指導短期宿泊事業を活用しており、国からの直接的な予算措置が廃止されてからも本自治体独自に事業継続をしている。

5　地方自治体と高齢者　｜　125

図表3　高齢者支援課での相談状況

項　目	2014年度	2015年度	2016年度	2017年度
所在不明、安否の気がかり	8	17	21	41
福祉・介護施設入所に関する事項	13	10	27	22
近隣とのトラブル	5	5	13	10
介護疲れ、介護不安	10	7	11	16
生活費等の心配	6	5	9	10
一般的な行政相談	23	27	52	114
医療費等に関すること	5	2	5	11
緊急・救急	5	4	7	14
将来不安	19	13	19	21
親族無し等による代行的要請	2	0	1	1
医療介護連携に関する相談	0	12	21	10
福祉行政サービスに関わる事項	233	131	271	162
認知症等による問題行動	20	19	22	21
ケアの内容に関わる事項	5	3	4	17
不和、孤独などの愁訴	3	0	6	8
個人の嗜好・選択に関わる事項	0	0	2	1
財産管理・遺産・遺言等	2	2	2	8
制度・施策・法律に関わる要望	9	0	0	0
介護保険制度に係る適用助言	57	27	18	26
介護保険制度等に対する不満	5	1	0	2
介護保険申請代行	6	2	7	4
病気、健康に関わる事項	18	24	21	32
ケアマネ紹介	3	2	0	6
介護保険外	21	40	27	29
成年後見制度の活用	6	4	11	11
老人福祉施設への措置	0	0	2	1
虐　待	9	18	6	18
困難事例	2	0	1	1
消費者被害	1	3	4	1
介護保険サービス利用について	101	104	230	256
住宅改修	7	9	3	8
その他	3	37	104	177
相談延べ件数	607	528	927	1,059

⑵　入所判定委員会について

　入所判定委員会は、緊急性を要する場合がほとんどのため開催していない。

　委員の構成は、老人福祉指導主事、老人福祉担当者、高齢対策課長、医師（精神科医を含む）および老人福祉施設長となっている。

⑶　一般財源化後の影響の有無とその内容について

　特定財源から一般財源化への財源移譲の影響はゼロというわけではないが、扶助費や給付費に関しては予算編成時の査定段階で極端な削減は行われていない。普通交付税は、4月1日現在の措置人数の高齢者数に対する割合と、2月分の居宅・施設サービス受給者数の高齢者数に対する割合の合計から算出される係数に、定数を乗じて需要額を算出するしくみとなっており、措置費単独に対して交付税がどれだけ出ているかというデータはない。措置費に対する交付割合としては高くはない。現状では毎年4000万円強の措置費の支出がある。

5 養護老人ホームの役割や存在意義

⑴　老人介護支援センター等の委託について

　現在は在宅介護支援センターが3か所（社会福祉法人2か所、医療法人1か所）あるが、今後は当自治体の養護老人ホームを運営する社会福祉法人にも参画していただければと考えている。そうすることで、高齢対策課および地域包括支援センターとの連携がより綿密かつ強化されるものと期待している。

⑵　虐待・徘徊高齢者対応の現状と課題

　前述のように、最近の傾向として、認知症により身体的虐待（DV含む）、ネグレクト（放棄、放置等）、経済的虐待、精神的虐待が散見される。これらは、地域住民や介護支援専門員、介護事業所また病院、医院等の通院先の主治医による通報等により発見することができる。このような虐待事例には、警察署生活安全課と連携して対応できている。しかし、ネグレクト（放棄、放置等）や経済的虐待、精神的虐待に関しては、発見が困難で、また発見されたとしても事態が深刻化しており、まさしく喫緊の地域課題でもある。

　徘徊高齢者の対応については、通常、管轄警察署に徘徊対象者のプロフィー

5　地方自治体と高齢者　127

ルを家族の同意により事前登録しており、早期の段階で登録手続きを進めている。2019年1月よりは奈良県警主導にて徘徊ネットワークを構築するという新たな連携の取り組みが実施されている。

⑶ 家族を含めた支援という視点

養護老人ホーム入所要件として経済的理由、環境上の理由があるが、入所検討の際には様々な家族の状況が浮き彫りにされる。地域では知的障害、精神障害、認知症等が原因でのトラブルが潜在し、単に家族がいるからといっていわゆる「べき」論で対応できない事例も多い。現実的に、地域や家庭内において、共存・共生が困難なことも存在する。養護老人ホームを活用することにより結果として家族（夫婦、兄弟姉妹等）が分離したとしても、関係修復に向けての取り組みが行われる事例もある。

このような様々な事例に関して、たちまち住まうところが確保できない場合等の拠り所としての養護老人ホームの存在は非常にありがたく感じるところである。結果として措置入所に至らない場合でも、緊急的、短期的に受け入れ可能として門戸を広く、幅を広げての福祉的対応ができるのは養護老人ホームならではのことである。

6 都道府県や国の方針等について

「措置から契約へ」と叫ばれてから幾年月が流れているが、老人福祉の最後のセーフティネットとしての存在と役割が養護老人ホームにはある。財源の問題は、少なからずいわゆる措置控えの原因と課題となっており、今さら一般財源を特定財源に戻せないことも承知している。しかしながら、何らかの特別な財源（補助金的なもの）の確保と創設は必要であり、老人福祉法の改正を視野に入れてこのことを考えていただきたい。

また、地域包括支援センターとのリンクは当自治体はできているが、この地域包括支援センターの人員配置に関して、3職種（主任介護支援専門員、社会福祉士、保健師等）は配置されているが、老人福祉に資する情報提供、相談、調査、指導等を行うとされる老人福祉指導主事の設置義務がないうえ、予算措置もない。このことは、福祉事務所には設置義務があるが、地域包括ケアシステ

ムの推進と深化が提唱されるなかで、地域の実情とミスマッチしているように感じる。時代や地域は「介護」に目を向けがちだが、高齢者全体への総合的福祉対策として視野を広げなければ、単なる高齢介護業務に留まり、真の高齢対策には至らないと思うものである。

＊本稿の執筆は、御所市役所福祉部高齢対策課課長・同市地域包括支援センターセンター長・西村佳也氏、同課高齢対策係長・松本三容氏の協力のもと、平岡毅が執筆した。

熊本市における高齢者支援

中山泰男

1 熊本市（政令市）の概要 (2017年10月1日現在)

市政発足：1991年2月　飽託郡4町（北部、河内、飽田、天明）と合併。
　　　　　2008年10月　下益城郡富合町と合併。人口が67万9000人となる。
　　　　　2010年3月　下益城郡城南町、鹿本郡植木町と合併。人口が73万人となる。
　　　　　2012年　4月　政令指定都市へ移行。
総人口　73万9858人（32万730世帯）
年少人口（14歳以下）　10万3627人
生産年齢人口（15〜64歳）　44万7336人
老年人口（65歳以上）　18万3757人（高齢化率25.04％）
　　前期高齢者　9万1772人
　　後期高齢者　9万1985人（うち100歳以上432人）
生活保護受給率　21.47‰（2017年平均）
　　＊出典：住民基本台帳人口（2017年10月1日現在）、熊本市統計情報室、熊本県の生活保護（2016年度）

◆**地理的な位置**：九州の中央、熊本県の西北部、東経130度42分・北緯32度48分の位置にある。地勢は、金峰山を主峰とする複式火山帯と、これに連なる立田山等の台地からなり、東部は阿蘇外輪火山群によってできた丘陵地帯、南部は白川の三角州で形成された低平野からなっている。
　　気候は、有明海との間に金峰山系が連なるため、内陸盆地的気象条件となり、寒暖の較差が大きく、冬から春への移り変わりは早く、夏は比較的長いことが多い。
◆**歴史・文化・自然**：【熊本城】安土桃山時代から江戸時代の日本の城。別名「銀杏城」。加藤清正が中世城郭を取り込み改築した平山城で、加藤氏改易後の江戸時代の大半は

5　地方自治体と高齢者　129

熊本藩細川家の居城。明治の西南戦争で焼失した。天守閣は1960年に再建。熊本地震で残った石垣で"一本足"で支えているように見える「飯田丸五階櫓」が有名となった。2018年 総合ランキング5位。入場者約210万人。

【中村汀女】（1900.4.11-1988.9.20）高浜虚子の門下生で、現代女流俳句の第一人者。汀女俳句は、句にふれる人々に郷土愛を喚起させ、郷土の文化振興に貢献した。『ホトトギス』同人、『風花』を創刊主宰した。

【食文化】熊本ラーメン、辛し蓮根、馬刺しなど。

2 高齢者の実態と介護、医療、福祉

(1) 介護保険

介護保険制度が開始された2000年と2017年を比較すると、熊本市の高齢化率は、16.3％から25.0％へと8.7ポイント上昇している。現在、熊本市の人口の4人に1人が65歳以上の高齢者ということになる。

熊本市の要介護（要支援）認定者数の推移を見ると、2017年9月末現在、要介護認定者数は約4万1000人である。要介護認定数は、2018年から25年までに約1万3000人の増加が見込まれている。介護度別では要介護1が最も多く23.6％、要支援1、2をあわせると54.9％となっている。なお、要介護高齢者のうち前期高齢者は全体の11.3％に対し、後期高齢者は88.7％で、加齢とともに要介護認定者は増加している。

介護サービスの利用状況については、2017年3月末、介護サービスを受けている人は3万6482人である。居宅サービスの利用が全体の約7割以上と最も多い。また、現在受けている介護サービスの種類については、要介護者は、通所介護が最も高く48.8％、次いで通所リハビリテーションが37％となっている。要支援者でも、通所介護が最も高く33.5％で、次いで訪問介護32.9％となっている。

(2) 在宅医療・介護の推進

熊本市は、「熊本市在宅医療・介護ネットワーク検討会」を2012年4月から開催し、在宅医療・介護の連携の推進に関する課題抽出やその解決策について協議してきている。また、医療・介護の多職種が連携を深めるための研修会や地域の活動を共有する活動発表会を開催し、医療・介護関係者の顔の見える関

係づくりやネットワークづくりを推進してきた。

　また、熊本市医師会および下益城郡医師会との連携により、在宅医療に関する医師向けの研修会の開催や在宅医の育成・資質向上の支援等を実施している。

　他方、市民が必要なときに適切な在宅医療・介護サービスを選択できるよう市民講演会やふれあい出前講座を開催し、市民への周知・啓発を行った。特に、「人生の最終段階における医療」をテーマにした熊本市版「メッセージノート」を用いて市民が自らの人生の最終段階に受けたい医療について考える機会の創出を図った。

　さらに、在宅医療を実施している医療機関の調査を行うとともに、在宅医療や介護に関わる施設の資源マップを作成し、ホームページに公開している。在宅医療に関する相談については、在宅医療相談窓口を設置し、市民や医療・介護関係者からの相談に対応している（「熊本はつらつプラン（熊本市高齢者福祉計画・介護保険事業計画）」2018年3月、参照）。

(3)　地域包括ケアシステムの進捗状況

　地域包括支援センターを地域包括ケアシステムの中核機関として位置づけ、地域の介護予防や総合相談・支援、権利擁護、地域や関係機関との連携強化を実施している。

　地域の特性に応じた地域包括ケアシステムを構築していくために、2015年10月から地域包括支援センターごとに「生活支援コーディネーター」を配置し、地域団体等との連携により地域資源を把握した「地域ケア計画」を校区ごとに策定している。

　また、地域包括ケアシステム構築にあたり、医療・介護・地域等の関係団体が取り組む方向性を共有するため「熊本市地域包括ケア推進方針」を2017年4月に策定した。市域ならびに区域の推進体制である「熊本市地域包括ケアシステム推進会議」を設置することにより、各区の「地域包括ケアシステム推進会議」で抽出された地域課題を全市的に議論する体制を整備した。

(4)　地域包括支援センターの連携状況

　市内27か所の日常生活圏域ごとに設置している地域包括支援センター（通称

「高齢者支援センターささえりあ」）における保健師、社会福祉士および主任介護支援専門員といった専門職員（以下、「3職種」）を各地域包括支援センターが管轄する圏域の高齢者人口に応じて配置するとともに、3職種とは別に生活支援コーディネーターを専任で配置する等、地域包括支援センターの機能を強化している。

　また、各区役所に各地域包括支援センター間の総合調整や自立支援型のケアマネジメント、地域ケア会議の開催および困難事例への対応といった後方支援等の機能を有する基幹的役割を担う地域包括支援センターの設置を検討している。

① 　地域ケア会議の定期的開催

　医療と介護等の多職種が参加する自立支援型の地域ケア会議を定期的に開催し、地域の介護支援専門員に対する自立支援型のケアマネジメントの普及啓発や資質の向上を通した高齢者の自立支援・重度化防止に向けた取り組みを推進している。

② 　リハビリテーション専門職と連携した早期の自立支援・重度化防止

　脳血管疾患や骨折等の介護の要因となる病気や怪我の初期段階における適切なケアにつなげるほか、新たな要支援・要介護認定者に対して、介護が必要となった要因を分析し、地域の医師や歯科医師、リハビリテーション専門職等と連携し適切なケア・サービスを行うことで、できる限り早期の自立や重度化防止に向けた支援を行う体制を構築したい。

3 高齢者支援課に寄せられる相談内容

　高齢者支援に関する相談窓口は、各区福祉課が担当している。

　相談内容としては、身元引受人等不在により契約が成立しないために介護サービス等が利用できない、DVや虐待被害を受けている、医療機関からの退院者、ホームレスや住宅立ち退き、触法高齢者など、経済的な理由に加え環境上の理由により在宅独居困難となり生活全般に見守りを要するケースなどがある。

　全体として、介護ニーズのみではなく入所者の支援ニーズが多様化している。養護老人ホーム入所以外の施設入所の相談もある。また、本人の心身の状

況、生活状況からケアプランを見直すことで本人の安定的な生活を支援することもある。

❹ 養護老人ホームへの措置の状況

⑴　措置の状況

2002年度から18年10月までの養護老人ホームへの措置人数の推移をみると、2002年度（年度末時点）は、市内への措置人数は331人、市外への措置人数は40人、合計は371人であった。2010年度には、市内への措置人数が377人、市外への措置人数が36人、合計413人と増加している。2014年度も措置の総人数が400人を超えている。年度途中であるが2018年10月1日現在では、市内への措置人数が362人、市外への措置人数が14人、合計376人となっている。

最近の傾向として、措置人数が年間400人台となっている。

⑵　一般財源後の影響の有無とその内容

措置しにくい現状、代替場所（サ高住、軽費・ケアハウス等々）への誘導や紹介の有無、影響値を計測はしていないが、市として必要な方には措置を講じており、財源確保においても施設の特性を説明することで十分確保できている。措置の必要性を検討するなかで、他サービスの利用が可能かどうかを検討したうえで措置している。

⑶　入所判定委員会

熊本市の養護老人ホームへの入所判定委員会の構成は、本市保健所長、本市高齢介護福祉課長、精神科医師、老人福祉施設の長、地域包括支援センターの代表者または職員、本市高齢介護福祉課職員、本市保護管理援護課長である（「熊本市養護老人ホーム入所判定委員会設置要綱第3条」参照）。

入所判定委員会の開催頻度は、原則、隔月1回開催されている（現在は奇数月に開催し年6回）。

⑷　措置申請の流れ

高齢者地域包括支援センターや各区役所の保健担当者に寄せられた情報をも

とに訪問し、生活環境や心身の状態など多くのことを確認する。まずは有料老人ホーム等での生活を確認し、地域での生活が困難と判断されるケースに限り、入所判定会議へ提出を行っている。

5 養護老人ホームの役割や存在意義

養護老人ホームは、多様なニーズをもつ入所者を支援するため、専門的なスキルやソーシャルワークの機能が必要ではないか。

6 都道府県や国の方針等について

養護老人ホームの空床問題で運営が厳しいとの話を耳にするが、建物を他制度の宿泊事業等に活用できるような基準の緩和があれば、行政として応援できるものもあると思う。

＊本稿は、熊本市高齢介護福祉課の協力を得て、中山泰男（ライトホーム）が執筆した。

熊本県合志市における高齢者支援

中山泰男

1 熊本県合志市の概要

市政発足：1966年 4 月 1 日　合志村が町制施行、合志町となる。

　　　　　1966年10月 1 日　西合志村が町制施行、西合志町となる。

　　　　　2006年 2 月27日　菊池郡合志町と西合志町が合併し、合志市が誕生。

総人口　6 万1555人（2 万3842世帯）

　　人口増加率1.4％（前年度比較）

年少人口（14歳以下）　1 万1261人

　　出生率（千人あたり）　10.7件（前年度比較）

生産年齢人口（15〜64歳）　3 万6052人

老年人口（65歳以上）　1 万4242人（高齢化率23.1％）

　　前期高齢者　7552人

　　後期高齢者　6690人（うち100歳以上41人）

生活保護受給率　4.86‰（2017年12月末）　4.48‰（2018年11月末）

出典：住民基本台帳に基づく人口、人口動態および世帯数（2018年１月１日現在）

合志市事務事業マネジメントシート2008〜2016年度の実績

◆**地理的な位置**（ホームページより抜粋）：熊本市の北東部に位置し、総面積は53.19㎢（東西約12km、南北約８km）。北部地域は阿蘇の火山灰が降り積んだ黒ボクと呼ばれる火山灰性腐植土に覆われた広大な農地が広がり、県内有数の穀倉地帯。

住宅地と商業地は、以前から国道・県道や熊本電鉄沿線に形成され、熊本市に隣接した南西部一帯に新市街地を形成。東洋経済新報社の「住みよさランキング2018」において、九州・沖縄第２位、全国第27位（814都市中）という評価を受けている。

◆**歴史・文化・自然：【竹迫城跡公園（竹迫城）】**鎌倉時代の初頭に地頭職であった中原
師員（もろかず）により築城。竹迫氏330年、合志氏が80年居城し、合志郡一帯の統治の拠点であった。国指定文化財として二子山石器製作遺跡がある。

【主な施設】合志マンガミュージアム、ユーパレス弁天、熊本県農業公園「カントリーパーク」など。

映画『あつい壁』の題材にもなった国立療養所菊池恵楓園（国立ハンセン病療養所）が所在。中山節夫（映画）監督の出身地。

【主な特産品】すいか、マンゴー、いちご。

❷ 高齢者の実態と介護、医療、福祉

合志市の高齢者人口は、2012年に１万1444人から2016年に１万3681人となっており、年間550人ほどの増加で推移してきた。

今後は、これまでほどの高齢者人口の増加はおさまり、これまでと比較すると若干ゆるやかな増加に転じるものと推計される。ただし、年齢区分ごとでみると、要介護のリスクが高まる75歳以上人口のうち、特に85歳以上の人口が、2016年の2171人から2027年には2949人と増加する見込みとなっている。

(1) 介　護

要支援・要介護認定者数は、2010年に1822人であったが、17年３月に2510人となっており、７年間の平均をとると１年間に100人ほど増加し続けている。認定率は18.0％で、微増で推移しているが、国18.0％、県20.5％と比較すると国と同率、県より低くなっている。介護度別にみると、軽度認定者が大きく増加傾向にある。一方、新規認定者は年間450名ほどで、要支援１〜要介護１までが全体の７割を占めている（「第７期合志市高齢者福祉計画」および「介護保険事業計画」（2018年３月）、「合志市健康増進計画　中間報告」（2018年３月）参照）。

5　地方自治体と高齢者　｜　135

(2) 地域包括支援センター

市の直営として運営している。相談件数・困難事例も増えてきており、支援内容も複雑になってきている。地域包括支援センターは、介護保険の枠内だけでなく、高齢者の総合相談、支援を行っている。

業務内容は、認知症への対応、在宅医療・介護連携の中核としての役割、介護予防・日常生活支援総合事業の推進、生活支援サービスの創設、地域ケア会議の開催などである。地域包括支援センターの果たすべき役割は、その重要度を増している。しかし、職員の退職等に伴う新たな専門職員確保が困難な状況にあることや、新たに雇用した職員の育成にも時間を要する現状がある。

図表4は、合志市の地域包括支援センターの相談内容と相談・支援の計画値である。2015年から17年までの実施値は、相談件数は年々増加している。それを受けて、第7期の計画値についても各相談内容・件数も増えている。

図表4　地域包括支援センターの相談状況および予測

	第6期計画の実施値			第7期計画の計画値		
	2015年	2016年	2017年 （見込）	2018年	2019年	2020年
包括的、継続的ケアマネジメント支援（件）	2,062	1,571	1,800	1,850	1,900	1,950
権利擁護関係（件）	246	160	200	210	220	230
総合相談支援（件）	2,554	2,497	2,550	2,600	2,650	2,700

(3) 地域包括支援センターの相談内容

地域包括支援センターでは、「包括的、継続的ケアマネジメント支援」「権利擁護」「総合相談支援」の業務内容それぞれについて電話、来所、訪問による相談を受けている。それぞれの業務内容は相談窓口としてさらに項目別に2〜4つのグループに分けられている。**図表5**はその相談項目と、2017年度の相談件数である。

図表5　2017年度の地域包括支援センターの相談内容と実績（1年間の件数）

	包括的、継続的ケアマネジメント支援業務関係		権利擁護業務関係		
	介護支援専門員の日常業務に関する個別指導、相談	支援困難事例等への相談、指導	高齢者虐待に関する相談	権利擁護・成年後見に関する相談	消費者被害に関する相談
電話	470	61	27	23	2
来所	456	37	16	16	3
訪問	965	43	17	17	3

	総合相談支援業務関係			
	介護や介護保険等福祉に関する相談			
	介護サービスへのつなぎ	介護の方法等家族支援	健康や病気など保険、医療に関する相談	その他の相談
電話	395	43	158	1136
来所	128	14	58	153
訪問	534	33	78	48

出典：合志市地域包括支援センター総合相談事業実績

3 養護老人ホームへの措置の状況

　合志市は、市内に養護老人ホームがない。措置によって養護老人ホームに入所した人は、2007年度末で19人、2011年度末で15人、2015年度末で11人、2018年10月1日現在で11人となっており、すべて熊本県内である。

　合志市では、「高齢者サービス総合調整推進会議及び高齢者サービス調整チーム設置運営要綱」（1987年6月18日付健政発第329号厚生省健康政策局長・保健医療局長・社会局長通達）、その後の「老人ホームへの入所措置等の指針について」（2006年3月31日付老発第0331028号厚生労働省老健局長通知）に基づき、管内調整チームに地域包括支援センターも関わって、他の社会資源の開発・検討を進めつつ、最終的に養護老人ホームへの入所判定会議にて判定を行う手順を用いている。

　その後、「老人ホームへの入所措置等の指針について」（2006年3月31日付老発

5　地方自治体と高齢者　137

第0331028号厚生労働省老健局長通知や改正通知等を踏まえて、措置決定方法の見直しを行っている。現在も「老人ホーム入所判定審査票」）を使用している。したがって、養護老人ホームありきで管内調整を行ってはいないというのが現状である。なお、2018年度の養護老人ホームの入所見込みは12人を設定している。

　昨今、高齢者向けの各種施設が増えてきている。この傾向は近隣の市町村も同様で、現在、市内にはサービス付き高齢者向け住宅が３施設、ケアハウスが１施設、有料老人ホームが７施設ある（「熊本県健康福祉行政の概要（別冊）」健康福祉関連施設一覧（2018年４月１日）参照）。なお、養護老人ホームは、菊池市に２施設、大津町に１施設の計３施設が運営されている。

　入所判定委員会は、合志市、菊池市、大津町、菊陽町からなる「熊本県菊池地域」による。判定委員会の開催は２か月ごとに１回となっている。

　入所判定委員会の委員は、11名で構成されている。その内訳は、県菊池福祉事務所福祉課長１名、県菊池保健所長１名、市町老人福祉主管課長４名、医師（精神科医師含む）２名、老人福祉施設長３名である。

④ 養護老人ホームの役割や存在意義

　民間型の住まいが増えてくる一方で、自分で契約ができない方や介護度が高くても金銭的に難しい方は民間施設には入れない。最終段階として養護老人ホームの検討が必要となってくる。合志市は養護老人ホームがない自治体だけに、他の自治体にも活用が広がる事を期待している。

⑤ 都道府県や国の方針等について

　もっと関わりができる何らかのしくみが必要ではないかと考える。

＊本稿の執筆は、合志市高齢者支援課包括支援センター班の協力のもと中山泰男が行った。

一般財源化の影響と対応

平岡　毅

◼️ 一般財源化の問題点

　そもそも一般財源化とは何か。国庫負担金などの補助金は、国から地方公共団体へ、特定の目的による事業のために支出されるものである。他方、地方公共団体側からは、補助金は特定の目的に制限されることなく柔軟に執行できるようにと求める声が強い。国から地方への補助金や地方交付税の交付は地方の歳出削減の意欲を消失させ、かつ財政面における裁量を制限するなどの問題が指摘されてきた。2003（平成15）年6月には「経済財政運営と構造改革に関する基本方針2003」が閣議決定され、予算編成過程において改革が進められるに至った。この改革による一般財源化とは、特定の目的で支出され、その使途が限定されていた自治体の「特定財源」を、使途の制限をなくし、柔軟に活用できるように「一般財源」に振り向けることを指す。

　養護老人ホームにおける一般財源化の問題は大きく2点である。

(1)　施設整備費補助金の一般財源化

　1点目は2005年度以降、施設整備費補助金が一般財源への経過をたどったことである。具体的には、2004年度まで施設整備にかかる負担は、国が2分の1、都道府県が4分の1、社会福祉法人が4分の1とされていた。小泉政権下における三位一体改革により、2005年4月に施設整備費補助金の交付金化がなされ、「地域介護・福祉空間整備等施設整備交付金」として国負担分の2分の1は確保されたが、都道府県負担の4分の1は「社会福祉施設整備事業債」として都道府県が起債し実施されることになった。この負担分は都道府県裁量によるものであるため、都道府県補助分は地域によってばらつきが生じることになる。よって、社会福祉法人は、その差分を補填する形で持ち出し、つまり負担増となることもあった。

　さらに、2006年4月には、国負担分が都道府県の特別地方債として起債されたものに対して、その金額を基準財政需要額に参入することによって、普通交

付税の算定に反映される運びとなった。つまり、国は交付金の要件に合致した施設整備事業を認めるのではなく、都道府県の特別地方債の起債という議会承認などのプロセスを経て認められた施設整備事業に交付するしくみとしたのである。このため、施設整備にかかる交付は一層厳しさを増すことになった。事業者が施設整備費補助金の交付について、都道府県と交渉する必要があるのはこのためである。

(2) 国庫負担による措置費の一般財源化

　２点目は、国庫負担金として市町村に支弁されてきた措置費の一般財源化である。先述のとおり、国庫負担金としての交付は、国が示してきた支弁基準に基づき措置費としての必要額をそのまま交付するものであった。しかし、財源の使途が市町村裁量による一般財源化のもとでは、①市町村負担は普通交付税の範囲内での補填にとどまること、②普通交付税として交付された額の使途は財政当局との調整が必要であること、③その額は必ずしも養護老人ホームの「措置」の用途として用いられない可能性があること、④国庫負担が４分の１である生活保護の方が、市町村財政には負担が少ないことに加え、措置入所と比べて入居場所を選ばないため、入所者の多様なニーズを支えられる可能性があること、といった弊害が生じるに至っている。

❷ 一般財源化への対応

　これらの問題を現在の原理、原則に従って検討すると、２つの対応が考えられる。１つは、いかに措置費総額を確保するかということ、２つ目は、措置費として入った額をいかに適切に措置に使うかということである。以下にひとつずつ具体的にみていこう。

(1) いかに措置費総額を確保するか

　１つ目に関して、今日において、措置費の必要額はどのように算定されるのだろうか。養護老人ホームにおける措置費運営費について、第189回国会（常会）答弁書第64号は「地方交付税の算定においては、養護老人ホームの措置費が老人福祉法（昭和三十八年法律第百三十三号）に基づく義務的経費であること

に鑑み、各市町村における実際の被措置者数を反映させており、各市町村の財政需要に的確に対応しているところである」と示している。要は、市町村には被措置者数に応じて適切に必要額を交付しているということである。具体的には、措置費は毎年4月および9月の被措置者数の実態に応じて、各市町村において必要な行政経費の水準として国が定めている基準財政需要額に反映させており、その需要額に基づき普通交付税のなかで各市町村への配分が行われている。したがって、各施設の4月1日および9月30日時点の入所者数（被措置者数）は、普通交付税の参入の基礎となるため重要である。

　地方交付税は、本来は地方の税収入とすべきであるが、団体間の財源の不均衡を調整し、すべての地方団体が一定の水準を維持しうるよう財源を保障する見地から、国税として国が代わって徴収し、一定の合理的な基準によって再配分する、いわば「国が地方に代わって徴収する地方税」（総務省）と説明される。さらに地方交付税には、普通交付税（交付税総額の94％）と特別交付税（交付税額の6％）とがある。また、基準財政需要額とは、各地方団体の財政需要を合理的に測定するために、当該団体について地方交付税法第11条の規定により算定した額とされている。

　普通交付税などの算出の方法は以下のとおりである。なお、普通交付税はあくまで財源不足額が発生する自治体に適用となるため、不交付団体（財源不足額がない団体。つまり、基準財政収入額が基準財政需要額に対して多い団体。2018年度は78団体）は適用外となる。

各団体の普通交付税額＝（基準財政需要額−基準財政収入額）＝財源不足額
基準財政需要額＝単位費用(養護老人ホームの入所に要する経費)×測定単位(65歳以上人口)×補正係数
　　＊　養護老人ホームの場合、4月1日現在の各ホームの被措置者数に応じて需要額を割り増し、または割り落とす。なお、9月30日現在の被措置者数が4月1日時点よりも増加している場合は、その割合費用の一部を特別交付税で措置する。
基準財政収入額＝標準的税収入見込額×基準税率（75％）

　この数式からは、基準財政需要額および基準財政収入額の多寡が普通交付税の交付額に関係しており、基準財政需要額は65歳以上人口、養護老人ホームの被措置者数の多寡によって決まることがわかる。つまり、各市町村での措置費の大枠を確保するには、これらの値が高いことが一義的には必要になる。総じ

て、各自治体における地方財政計画上、被措置者数がどれだけ見込まれるのかを提案し、地方財政計画に反映してもらうアプローチと、交付税の積算において基準財政需要額を高めるアプローチが必要ということである。

   * 厳密には、基準財政需要額の積み上げによって各地方自治体の予算が固まるのではない。あくまで、地方財政計画に基づく地方交付税の所要額によって財政需要が求まり、その需要を財政計画が想定しているからこそ、地方交付税の財源不足が生じ、補填措置が求められる。よって、財政需要を計画上想定しないで、地方交付税の財源枠を確保することはできない。つまり、地方交付税は地方財政計画の歳入と歳出を一致させる調整項目の位置づけといえる。もちろん、それでも地方財政計画における歳出に対して足りない状況があることから、臨時財政対策債により差分を埋めている。他方、養護老人ホームの措置という義務的度合いの強い事業については、ある程度客観的に積み上げが可能であることを踏まえ、本文のような記述とした。

　措置費確保のための事業者としての具体的な取り組みとしては、大前提として、様々な関係者に対し措置制度の理解促進を努めることに尽きる。養護老人ホームや措置制度の理解を促すべく、行政、民生委員、地域包括支援センターなど高齢者の相談窓口として役割を果たしているところには、各都道府県・市町村の社会福祉協議会、老人福祉施設協議会が一丸となって広報、周知を図っていくことが不可欠である。行政担当者は定期的に人事異動となるため、形骸化してはならないが、事業者と自治体担当者との情報交換を深める場をつくることで、何かのときに頼ってもらえる、相談してもらえる下地をつくっておくことは必至であろう。

　また、各養護老人ホームにおける HP の充実なども必要である。今後、団塊世代が後期高齢者となることを考えれば、社会は IT リテラシーが高い方々ばかりになる。行政も民生委員も情報収集はネットで行うが、その際に、サイトで開示されている情報だけでなく、HP のデザイン、さらに口コミ等による信頼できるか・安心できそうかといった情報も収集されてしまう。施設名で検索しても、地図情報しか出てこないのは論外である。細かいことではあるが、今後を見据えればきめ細かな情報提供や意見収集の対応も必要である。

　こうした取り組みを通じて、社会全体に措置制度や養護老人ホームを理解してもらうことが重要である。そのうえで、措置が必要な高齢者の人数やその状況を提示し、それを受けて入所判定委員会も必要な入所者数を検討、したがっ

て地方財政計画上もどの程度の予算確保が必要かといった予算へのアプローチを進めていくことが必要であろう。

また、交付税の積算における基準財政需要額の見直しについては、各地方自治体から総務大臣に対して、普通交付税の積算に関し意見申し出を行うことができる（地方交付税法第17の４）。基準財政需要額における算定の根拠は非常に複雑でわかりにくいが、地方交付税は自治体間の財政のばらつきを是正するという観点から、その内容が不明瞭で、細かい計算式となってしまうことはやむをえない。交付額が足りないと感じるのであれば、正確に積算されているのかを確認してもらうよう自治体に対して要求することも、地域福祉の増進のためには必要であろう。

(2) いかに適切に措置に使うか

一般財源として交付される額は、適切に措置に使われなければならない。行政「措置」という性格を考えると、行政による措置対象者の発見がなされるべきである。しかし、現在は行政等のアウトリーチの機能が期待できないばかりか、それらのアウトリーチから養護老人ホームへの入所措置につながるかどうかは、市町村の財源の問題、入所予定者が希望しているかどうか等、いくつものハードルがある。まして、申請窓口に措置を希望する者がそのまま出向いて入所判定委員会につながることはまれである。しかし、なかには、申請窓口に養護老人ホームの施設長も同行し、措置申請の手続きを一緒に確認、交渉し、細かなやりとりの記録をとることなどによって措置につながったというケースもある。

また、入所判定委員会が予算上どのように位置づけられているのかの確認が必要であろう。地方財政計画において必要額を積算する以上、本来は開催回数も定まっているはずである。自治体でサイトに公表しているケースもまれにあるが、自治体に対して入所判定委員会に関する情報提供を求めることは可能である。さらに、その回数と実績がどのように連動しているかを把握し、その妥当性について言及できるように備えておくことは重要である。

措置制度への理解だけでなく、実際に措置入所につなげるまでにも申請や入所判定委員会というプロセスにおいて、相当の労苦が必要となるが、地域の高

齢者福祉の増進のためにできることはある。

❸ 事業者がとりうる予算へのアプローチ

　地方自治体における予算編成のプロセスとして、各事業担当部署が予算要求を提出するのは11月中旬である。その後、1月下旬から2月上旬にかけて首長査定という手続きを踏み、1週間程度で事業担当部署に内示される。内示後、復活要求があり、首長査定を受けて予算が確定することになる。

　編成された予算は、都道府県と政令指定都市においては会計年度開始30日前、その他の市町村は20日前に議会に提出することになっている。議会に提出された予算は常任委員会に付託され、審査意見の決定を経たのち、本会議で議決されれば予算は成立する。このスケジュールを逆算すると、遅くとも10月中には関係部署には要求を行っておく必要がある。さらに、首長査定で対応するためには、11〜12月には首長とも意見交換等を行っておく必要があろう。

　ただし、厄介なのは国政との関係である。国は地方自治体の予算の規律を担保する観点から、ある程度地方自治体の予算にも介入する。その点、自治体は予算要求において、国庫支出金、都道府県支出金などの補助金をいかに獲得するかを考慮する。そのため、事業運営に直接資するメニューは少ないにしても、各種補助金等で事業所が活用できそうな事業には注視しておき、自治体に提案していくことも必要である。

　また、補助金以外の財源についてみると、地方交付税などは基本的な決定権は国がもっている。したがって、国の予算編成、それに伴う地方債計画や地方財政計画が定まらなければ地方自治体の予算編成もできない。国の予算編成および地方財政制度の歳入と歳出の骨格が固まるのが12月下旬、閣議決定を経るのが1月であるが、これでは各自治体の議会直前であり、地方自治体も対応に苦慮することだろう。

　地方自治体の予算編成作業において、地方交付税等の地方財源の枠組みを知るのは早い方がよい。その意味では、総務省が財務省に対して次年度予算の概算要求をする際に、総務省が想定している次年度の地方財政計画の骨格を示した「仮試算」を参照することが望ましい。当然、最終的な結果とは一致しないが、その時点で想定される事項を踏まえつつ、トピックスとして入ってくる情

報も踏まえながら、地方財政政策が決定されることが望ましい。

　事業者と事業者に主に関係する他のステークホルダーのスケジュールをまとめると次のとおりである。

　　　　○○年4月　（○○−1年度）補正予算の提案（自治体）
　　　　　　　　　　被措置者数が基準財政需要額の根拠としてカウントされる
　　　　　　　　　　（事業者）
　　　　　　5月　国に対する骨太の方針への提案（国）
　　　　　　6月　骨太の方針提示（国）
　　　　　　8月　総務省　仮試算公表（国・自治体）
　　　　　　9月　中旬〜下旬に地方自治体の意見申出期間。そのための提案
　　　　　　　　　等（自治体）
　　　　　30日　被措置者数が基準財政需要額の根拠としてカウントされ、
　　　　　　　　　4月よりも増えていれば割増（事業者）
　　　　　10月　自治体行政への予算要求の意見・要望（事業者）
　　　　　11月　首長等への意見・要望（事業者）
　　○○＋1年1月　○○＋1年予算の議会承認（国・自治体）

　人が1人では生きていけないのと同様、事業者も関係機関との連携、交渉なくして事業継続はありえない。自治体等ともうまく関わりをもち、養護老人ホームが今後も日本の高齢者福祉の増進に寄与することを願ってやまない。

[引用・参考文献]

小西砂千夫（2012）『地方財政のヒミツ』ぎょうせい

神野直彦・小西砂千夫（2014）『日本の地方財政』有斐閣

成瀬龍夫（1997）「社会福祉措置制度の意義と課題」『彦根論叢』309号　http://www.biwako.shiga-u.ac.jp/eml/Ronso/309/309naruse.PDF

伊藤周平（2005）「生存権と社会保障受給権に関する一考察(1)――介護保険給付の受給権を中心に」『法学論集』39巻1号　https://ci.nii.ac.jp/els/contentscinii_110004994075.pdf?id=ART0008066056

第189回国会（常会）質問主意書　質問第46号（徳永エリ氏）および同答弁書第64号

http://www.sangiin.go.jp/japanese/joho1/kousei/syuisyo/189/syuh/s189064.htm

http://www.sangiin.go.jp/japanese/joho1/kousei/syuisyo/189/touh/t189064.htm

阿比留志郎（2013）「養護老人ホームの現状等について」

総務省「地方交付税制度の概要」http://www.soumu.go.jp/main_sosiki/c-zaisei/kouhu.html

総務省「平成30年度不交付団体の状況」平成30年7月 http://www.soumu.go.jp/main_content/000565916.pdf

6 養護老人ホームにおける 相談・生活支援

1 居住型福祉施設としての実践が目指すもの

はじめに

　措置入所してきた高齢者は、やむをえず転居、移動するに至った事情があり、施設に対しても不安やマイナスのイメージを抱いていることが多い。それゆえ、養護老人ホームにおける実践は、入所者自身がそこで得られるフォーマル・インフォーマルな資源を活用しながら、安心できる生活、新たな自分の人生の再構築ができることを目指している。筆者は養護老人ホームにおける支援の目標として、次の6点に整理できるのではないかと考える。

① 入所に伴う苦しい経験、抱えてきた問題に本人が対処できるように支援すること。

② 生活課題について理解し、自ら解決できるように個別的、伴走的に支援すること。

③ 入所した者同士が身近な同室者や近隣者となって、互いの生活の場を心地よい状態で過ごせるように個別的、集団的支援をすること。

④ 地域社会における住民として施設内外の人々との交流ができ、日々の生活を楽しむことができるように支援すること。

⑤ 病気や障害の進行を予防しつつも、現在の施設生活の継続が難しくなった場合には、先行きの生活について本人の意向を尊重しつつ、必要に応じ、速やかに円滑に移行ができるよう支援すること。

⑥ 人生の最期には、本人の希望に応じ、親交のある人々と共に、ときには家族の代わりに見送る役を支援者が引き受け、"旅立ち"への支援をしていくこと。

　これら6項目は、クリス・ペイネによるレジデンシャルワークの目標をもと

に、筆者が養護老人ホームにおきかえて表現を換えたものである。支援の基本理念は、人権の尊重、ノーマライゼーションの思想を基盤とし、その実践はソーシャルワークの原則と技術をもって進められるものである。よって、居住型福祉施設としての特性をいかしたレジデンシャル・ソーシャルワークと呼称することもできると考える。

さて改めて、養護老人ホームの設備運営の基準をみると、入所者の個別処遇計画は、生活相談員が立案し、計画に沿った支援が行われるための調整をすることとされている。しかし、養護老人ホームは、介護保険施設よりも長い歴史があるにもかかわらず、2006年の介護保険制度制度改正を境に、入所者の処遇計画の作成が義務づけられることになった。わずか十数年前のことである。折しも、養護老人ホームは、この時期から定員割れや人材の確保難も相まって、施設経営の問題解決が優先課題になっていく。むろん、この間に先進的な取り組みや熱心に職員研修をしている法人・施設は多数あり、全国老人福祉施設協議会（以下、「全老施協」）においては、研修テキストの作成、養護老人ホームのパッケージプランの作成、施設の実態調査等が精力的に進められてきた。

だが、例えば「見守り」の支援を取り上げると、その支援ニーズと専門性ある技術とは何なのか。養護老人ホームには、特別養護老人ホームで使われる転倒防止や誤嚥防止のための見守り以外に、多様な"見守り"がある、と筆者も理解しているが、見守り行為の対象や方法、それに必要な知識や技術については、未だ職員の経験知の域にあり、後続につながる技術・スキルとして共有するに至っていないように思われる。そうしたなか、もし現場で、特定施設に変更することによる支援計画の混乱や個別処遇計画の形骸化が起きているとすれば、われわれは法制度改正の流れに呑まれてしまうだけで、入所者のための本来の実践につながらないことになってしまう。

(1) 相談・生活支援における個別理解の視点

養護老人ホームに入所する高齢者は、経済的理由のほか、心身の状態あるいはその他の個人的要因および環境的要因により、在宅での生活維持が困難、住居がないなどの事情を抱えてくる。入所に至るまでの経路は様々あり、本人の自覚がないまま問題がすでに深刻化しているケースもあれば、虐待から避難し

てくる緊急的ケースもある。

　高齢期にある人の相談に携わる者には、相手の理解のために、心理社会的視点をもつことが重要であるといわれる。アン・マクドナルドが著書で述べているように、高齢者のソーシャルワークの実践には、加齢の経験についての理解と、高齢者のニーズを評価し、実践するスキルと知識についての理解が必要である。このことは、生活支援に携わる支援員・介護職員の仕事にも共通するものである。

　まず、１つ目の加齢の理解については、人間の一生を８段階の発達課題に分ける、エリクソンのライフサイクル理論がよく知られている。人間の発達は前段階の発達課題の達成を基盤にして次の段階に進むとし、老年期は人生の統合期であるとする。養護老人ホームにおける相談や生活支援のあり方を考える場合、ライフサイクルの視点は一定程度、参考になるが、その人の社会的地位（家族、友人関係、職場等）とその変化に着目し、何を経験してきたかに主眼をおくライフコース理論も参考になる。支援者は、入所者から生活の折々で発せられる情報、その他から掴める情報等を統合させながら、施設入所に至る“その人のライフストーリーのなかのその人の今”を捉える視点、そして“今ある状況のなかのその人“を捉える視点が必要になる。

　とかく介護サービスの需要が多い昨今、事業所・施設に勤務する職員の関心は、心身状態の把握、疾病等やADL、IADLに傾きがちになる。すぐその場で、臨機応変に対応しなければならない日常生活の支援にあっては、まず優先順位の高い情報を確認しながら対応していくことになり、ライフストーリーから見直すことの優先順位は低くなるのかもしれない。

　そもそも養護老人ホームに入所するに至った背景には、社会構造の矛盾とそこに個人と社会環境との間で不利益となる状況があり、加齢による心身状態の機能低下も伴って支援ニーズが顕在化していく。一般にどの高齢者も、人との別れや自己の病気、退職等、様々なライフイベントを経験するものだが、入所者の多くはそれ以上に貧困や社会的孤立のなかで生きてきた。順風満帆とはいえない数々の苦難には、会得してきた生きる術で対処しながら生き抜いてきたはずである。それゆえ、困った状況のなかでも自身の強さや回復していく力（ストレングス・レジリエンス）を蓄えてきたところもあろう。しかしそれらは、

6　養護老人ホームにおける相談・生活支援

入所後の生活で自身の課題解決につながる強さになるときもあれば、弱さになることもある。支援者は "ライフストーリーのなかのその人の今" を捉える視点、人生経験から形成されてきた価値観や思考、感情に関心を寄せていくことで、個々の入所者への理解を深めていくことができるであろう。

次にもう1つの "今ある状況のなかのその人" を捉える視点と支援について考える。

(2)　生活の場をベースにしたソーシャルワークとケアワーク

養護老人ホームには、人と環境に働きかけるソーシャルワーカーとして生活相談員が配置されている。多数のケースの中には、施設入所で、それまでの生活問題のほとんどが解決していくケースはある。しかし、入所後も未解決の問題を抱えている場合には、生活相談員がその困難や背景となる状況とその要因を探るアセスメントをしながら、本人にとっての "荷下ろし" ができるように個別支援の計画を考える。その際には、相談や生活支援を進める段階、プロセスが大切になる。まずは、その人の生きづらさがあれば、今ある状況のなかの、その人を軸にした支援となる（ここでいう "荷下ろし" とは、入所者本人が感じている心身の苦痛や不安、負担感の軽減や健康状態の改善、金銭上の課題を本人とともに課題を整理、解決に導く見通しをつけながら苦痛や負担感を軽減する意味である）。

困難な状況におかれている人とその環境の交互作用に働きかけるソーシャルワーク実践のモデルは複数あるが、養護老人ホームの相談支援には、バイオ・サイコ・ソーシャルワークモデル（生理・身体的状態、精神的・心理的状態、社会環境状態の3つが相互作用する関係にあり、困難な状況をバランスよくみる）が、馴染みやすいモデルといえるだろう。

生活相談員が主として担うソーシャルワーク実践の構造はまた、ミクロ、メゾ、マクロの3つのレベル（1981年に全米ソーシャルワーカー協会が定義づけたもの）で考えてみることもできる。ミクロレベルの支援は、個人およびキーパーソンとなる家族等に直接的に働きかけること、メゾレベルの支援は、本人の日常生活に影響を与える他の入所者、知人・友人、地域住民、行政や医療従事者などに仲介者や代弁者、調整役として働きかけることであり、マクロレベルの支援は、社会の変革や向上を目指すもので、国や自治体、地域社会に対し、例

えば権利擁護の視点から代弁的役割をもって法的行動やソーシャルアクション
を起こすこと、地域社会に理解を求めるように啓発活動をすることなどである。マクロレベルは国家や地域社会と広範囲になるが、あくまで入所者の尊厳と生活を守ることの使命に基づくものである。なお、これら3つのレベルは便宜的区分であって実際には重複しあい、また他職種との連携によって進められる。

　加えて、高齢者のケアプランにおけるアセスメントは、ICF（国際生活機能分類）の視点で、その人の「生活」（の営み）を捉えようとする。ICFは疾患・診断名で人をみるのではなく、その人の生活機能（生きることの全体）を、心身機能・構造、活動、参加の3つを包括するものとして中心的位置におき、健康状態、背景因子、個人因子とも影響を受けあうという相互作用モデルの構図によって、全体像を捉えようする考え方である。従来の医学モデルのように心身機能や健康状態だけに偏ることがなく、また社会的な参加や環境だけに偏らずに、相互作用に目を向けながら生活している個人をみようとする。

　養護老人ホームにおける実践は、こうしたICFの視点に基づき、生活支援（介護を含む）および医療の立場から連携する看護職員、そして個人と環境との交互作用に働きかけに主眼をおく生活相談員、それぞれが専門性を発揮しながら、共通する個別支援計画の目標に向け、補い合うことで成り立っている。前述の施設実践①〜⑥はそれらの専門性が発揮し統合化することで効果的なものになっていく。

(3)　生活の場を整える支援

　居住型福祉施設における実践では、生活のベースとなる居住環境を整える支援も軽んじられない。具体的には、施設内の設備や室内のしつらえなどにおける安全管理、生活のしやすさへの配慮と工夫である。生活のしやすさへの支援は、例えば食事・入浴その他の入所者全体に共通する日課の設定、多床室における入所者の調整、また、お互いが気持ちよく過ごせるように、飲酒や喫煙に関する約束事や共有のスペースや生活用具・機器（テレビ、洗濯機等）の使用に関するルールの設定と運用まで多岐にわたる。

　養護老人ホームは、家庭的雰囲気をつくることはできても、家庭にはなりえ

ない。だからといって近居・同室の入所者との関係への目配りも疎かにできない。昨今、疾病や障害をもつ入所者が増加しているなかでは、入所者の共同生活は、その自主性や自治組織に委ねることができなくなっている。判断能力に乏しく、弱い立場にある人や自己を主張できない人が孤立し、集団内のスケープゴートになってしまう事態は避けなければならない。施設という生活の場は他の入所者と助け合える仲間ができ、良好な相互支援が生まれるグループダイナミクスを活用することができる反面、価値観の違い、コミュニケーションのずれからストレスフルな環境をつくりだす側面もある。

そこに介在する職員（主に生活相談員と支援員）には、入所者それぞれの個性と関係性をみながら、共同できる生活管理や生活空間づくりを支援する役割が求められる。心地よい生活の場を入所者とともにつくることができれば、入所者は安堵と安心を得られ、その先の希望や意欲、活力も生まれるであろう。

⑷　プランニングから支援の展開へ

先に述べたように、2006年の老人福祉法および介護保険法の改正前は、個人の処遇計画は、制度上、目標の設定のみでよいとされていた。しかし、その後の改正、そして3つの類型による介護サービスの給付制度を利活用できることによって、介護サービスを受ける入所者についてのプランニングの種類は複数かつ重層化した。とはいえ、そのプロセスはインテークから始まり、情報収集からニーズを明確にし、長期目標、短期目標を設定、支援の実施計画を立案、実施、評価の流れは共通であり、基本のプロセスは同じである。計画の立案と実施にあたっては、本人の意思の尊重を第1に、本人または身元引き受け人との契約（了解や理解を含む）を取り交わしながら進めることが原則である。

しかし、困窮のなかで生きてきた人のなかには、自己理解、自己認知の課題を抱えている場合が少なくない。長年の孤立状態にあった人は他者から得られる情報が少なく、自分の状況を客観的に捉える機会も失っている。また、次の②の事例にもあるように、知的障害や心身機能の低下により、判断や意思表現が十分できない状態にある人もいる。そのため支援者は、本人との関係性を内発的動機づけや意思の汲み取りをしながら一歩ずつ築き、自己決定、意思決定ができるように支援していくことが求められる。

また、介護サービス計画の作成者は施設の類型によって異なるが、生活相談員が作成する処遇計画の方向性と整合性が取れる内容でなければならない。日頃の情報交換や記録もこうしたプランニングの一環として重要である。その共通意識を多職種間でもてるようにしていくことで統合的な支援の厚みは増していく。

　では、実際、施設現場では個別支援計画について、どのように取り組まれているのか。②では、類型の異なる２施設に、①個別支援計画・施設サービス計画、記録とその活用方法について、②個別支援のあり方について事例を提供していただいた。後半では、事例を通して養護老人ホームにおける個別支援のあり方を考えてみたい。

② 個別支援の展開：施設における実践から

■ 白寿荘における個別支援

⑴　施設の概要とパッケージプラン活用について

(1)　施設の概要

　社会福祉法人愛隣会白寿荘は、東京都目黒区の閑静な住宅と中・高等学校に囲まれた場所にある。施設の前にはバス停があり、交通の便がよい。1953年６月11日、木造平屋建て100余坪の老人ホームを建設し「憩いの家」（定員64名）と名づけたのが白寿荘の始まりである。翌年、「憩いの家」は高齢者の長寿を念願し「白寿荘」の名称で正式に認可を受け、1961年５月には増築し入所者定員168名となった。1976年８月に現在の鉄筋コンクリート４階建て建物が完成した。入所者居室は１階から３階にあり、２人部屋81室、１人部屋６室を設けている。この建物も築40年を超え老朽化しており、主に入所者居室の改修工事を順次実施している。

　定員充足率は100％を保っているものの、要介護度は、2018年11月１日現在で要支援：５名、要介護１：４名、要介護２：６名、要介護３：９名、要介護４：５名、要介護５：３名となり虚弱化が進んでいる傾向にある。また、虐待等の理由で緊急入所依頼も増加傾向にあり、2017年度は22名を受け入れた。精

6　養護老人ホームにおける相談・生活支援｜153

神病院からの退院者も増えており、精神科疾患への理解も求められている。

(2) 個別契約型の選択

　当施設では、2006（平成18）年の老人福祉法改正以降、個別契約型を選択し養護老人ホームを運営している。個別契約型を選択した理由としては、①収支シミュレーションの結果と、②養護老人ホームの社会的な存在意義をどのように背負うべきか、ということを検討した結果によるものである。

　まず、収支シミレーションについては、2006年の老人福祉法改正前に、どのタイプの運営形態が最も適しているかを比較検討した結果、個別契約型を選択することが養護老人ホームの経営収支上最も適しているということとなった。特定施設型を選択した場合、個別契約型に比べて収入がおよそ2～3割下がるという結果が明らかになり、東京都からのサービス推進費補助金が減額されていくことが予想される養護老人ホームとしては、特定施設型を選択することは経営上非常に困難であった。また、これまで養護老人ホームにおける要介護者に対しては、措置費に上乗せする形で病弱者介護加算が算定されてきたが、老人福祉法改正に伴い同加算が廃止されたことも、特定施設型を選択できなくなった大きな要因であった（代わりに介護保険サービスが利用可能となったが、個別契約型を選んでも収支上は大きく下がった）。

　次に、養護老人ホームの社会的な存在意義についてだが、今後どのような役割を担うべきであるかを検討した結果、個別契約型の養護老人ホームを選択することとなった。高度経済成長期以降、日本はどんどん豊かになり、「貧困」の減少とともに「介護」が次の主要テーマとなった。しかし現在においてもなお、「貧困」はなくなってはおらず、高齢者虐待や立ち退き、触法高齢者などの形となって現れており、別の「生きづらさ」として存在している。制度上の狭間で苦しまれてしまう方、自己責任の社会において取り残されてしまう方、様々な障害により生活がままならなくなってしまう方は、今後もますます多くなっていくことが予想され、こういった方々のためにこそ、養護老人ホームは高齢者福祉のセーフティネットとして存在しなければならないと考えたことにより、個別契約型を選択するに至った。福祉も措置から契約に移行し、サービスが選択できるようになったが、措置が必要となる方は多くおり、そういった

方々を受け止める役割をもった社会資源が、養護老人ホーム以外に存在しないことを鑑みると、この役割を放棄することはできないと考えた。

(3)　パッケージプラン

　2006年まで当施設では、「利用者個人別支援計画」という名称の書式シートを年に一度作成していた。項目は、①感想、②収入、③貯金額、④お金の使途、⑤日常生活、⑥クラブ行事参加状況、⑦喫食状況、⑧食事情の問題点、⑨面会状況、⑩人間関係、⑪生活支援、⑫個別ケア、⑬支援目標、⑭相談員感想という構成だった。2007年は全老施協の新型養護老人ホームパッケージプランの書式を採用し、１年間活用することで、どのような視点が求められているのか学びとした。全老施協の書式はボリュームが多く（約60頁）、介護保険を利用していない方には必要のない項目が多かったことから、2008年以降は、独自の書式を採用し活用することとし、2016年に書式変更、現在に至っている。

〈現在の書式〉

　現行のパッケージプランはwordで書式を作成した。A4サイズで①表紙、②アセスメント表、③個別支援計画書、④見直しシート、⑤医療台帳、⑥嗜好カルテで構成されている。

　①の表紙には利用者氏名、生年月日、計画担当者と作成日が記載されており、セクション毎の検印欄が設けられている。

　②アセスメント表ではADL、IADL、社会性、健康・医療の４つの項目に分けられており、それぞれに小項目が設定され全22項目で構成されている。アセスメントは、「１：要

1. アセスメント表《1…要支援　2…一部支援　3…自立》

	項目	評価	課題※評価1，2がつく場合のみ簡潔に記入
A D L	移動	3	
	食事	3	
	排泄	3	
	入浴	3	
	着脱	3	
	外出	3	
I A D L	清掃	3	
	洗濯	3	
	買い物	3	
	金銭管理	3	
	生活ルール	3	
社 会 性	余暇の過ごし方	3	
	他者との関係	2	自分より弱い立場の利用者に攻撃的になる傾向がある。
	認知面・精神面	3	
	相談のもちかけ	3	
	意思交換・コミュニケーション	2	ストレートに発言してしまう所があり、他利用者との関係では見守りや配慮が必要。
健 康 ・ 医 療	通院	3	
	服薬	3	
	健康管理	3	
	医務への相談	3	
	栄養管理	3	
	衛生管理	2	荷物が多くなりがち。整理整頓に関わりが必要。

6　養護老人ホームにおける相談・生活支援

支援、2：一部支援、3：自立」のいずれかで評価する。1や2の場合には、備考欄に状態を記入する。評価基準は現行のパッケージプラン作成の際に更新したものを使って評価する。

例えばIADLの「洗濯」の小項目では、「1：要支援」は「職員による洗濯支援が必要な状態であること」、「2：一部支援」は「職員からの促しや声掛けによって、洗濯することが自力で可能な状態であること」、「3：自立は」「衣類の交換、洗濯、干し、畳みが自力にて可能であること」を基準となる状態と示し、これを目安にアセスメント

2. 個 別 支 援 計 画 書	
ご本人の希望や想い （白寿荘でどのように過ごしたいか）	・自分の事はきちんとやっているので、これからも人の世話にはなりたくない。 ・生活ルールを守れない利用者が増えて不満に思っている。 ・気の合う仲間と仲良く過ごしたい。
具体的課題 （希望を実現する為に解決しなければならない具体的な課題は何か）	・不満を感じた時に、他利用者ではなく職員に相談できるような関係性の構築 ・本人の自尊心を尊重しながらトラブルが発生した際には、傾聴や受容の姿勢で関わっていく。 ・仲の良い他利用者との関係性を見守っていく。
支援目標 （具体的にどのような支援が必要か）	短期目標 ①職員との信頼関係を構築しながら、他利用者との関係性を支援していく。 ②本人の自尊心を尊重しながら、居室整理に関わっていく。
	長期目標 ①健康で、できるだけ長く白寿荘で生活できるよう支援していく

平成　　　年　　　月　　　日

個別支援計画書について説明を受け、同意しました。

　　　　　　　　氏名

表の評価欄に数字を記入する。評価1、2とした場合の課題内容の文章は、1行（30文字以内程度）内の簡略な表現とすることを原則としている。

　③個別支援計画書には、本人の同意の署名が必要なため、本人の希望や想い（ニーズ）について聞き取ったものを記入し、それを踏まえた内容を挙げて表現するようにしている（職員からみた課題は、前頁のアセスメント表に落とし込んで職員間で共有している）。そのうえで希望を実現するために解決しなければならない具体的な課題を記入する。そして具体的な課題に沿って、どのような支援が必要なのかを支援目標として抽出する。

　④見直しシートは、短期目標設定から半年後に作成を行う。支援目標に対して、支援員等がどのような取り組みを行い、その結果利用者に変化があったかどうかを記載する。また、新たな課題が出てきた場合（ADLの変化などで）には支援目標の変更を行う。

〈モデルプラン〉

　ここに示した事例は、息子と同居していたが経済的虐待を受けて保護された、ADL は自立であり自尊心が非常に高い女性である。対人面では職員の見えない所で、自分より弱い入所者に対して「ぐずぐずするな、早くしろ」「トイレに間に合わなくなったらおしまいだ」などと言って罵倒している。また、荷物整理が苦手であり居室は常に物であふれているが、荷物の片づけがなかなか進んでいない。この場合、ADL や IADL はオール 3 の評価であるが、「社会性」の項目中、他者との関係

施設長	補佐	相談員	主任	担当	受付

3. 見直しシート

2月18日までに、支援記録
（8/1〜1/31）とともに提出

支援目標（短期目標）※個別支援計画書でたてたもの	①職員との信頼関係を構築しながら、他利用者との関係性を支援していく。②本人の自尊心を尊重しながら、居室整理を促していく。
評価（支援目標に対してどのような取り組みができたか）	①生活ルールが守れない他利用者や、自分より体の弱い方への罵倒は依然として続いている。その都度職員が介入し、直接本人には言わないようにアプローチを行っている。最近では主任支援員が、「こんなことがあった。」というような相談の持ち込みがあったため、傾聴の姿勢を示しながら、居室担当支援員との関係構築も目指していく。②荷物が多いことは本人も自覚しているが、ベッド上には衣類があふれている状態。現状は同室者の生活に影響を及ぼさない範囲であるため見守っている。その他の生活面は自立度も高く本人もそれを自覚しているため、そちらの方向から荷物整理へのアプローチを検討してみたい。
今後の課題	・受容の姿勢を示しつつ、職員との信頼関係構築を図っていく。（継続）・本人の自尊心を尊重しながら、同室者への影響も考慮していく。
今後の支援目標	①・②支援目標の継続。

の評価は 2、また、意思・コミュニケーションの評価も 2 になる。短期目標は集団生活するうえで支障が出ている部分に焦点をあてて設定している。

〈標準化への取り組み〉

　パッケージプランの作成時期や、アセスメント基準表は、職員ハンドブックという名称の更新時に入れ替え可能なリングファイルに綴られている。このハンドブックはその他様々なマニュアルも綴られており全職種に配布している。

　パッケージプランはサーバー内にある共有フォルダに保存され、LAN ケーブルでつながっていて全職員が共有できる状態にある。居室担当の支援員が作成したパッケージプランは出力し主任・副主任が確認を行う。その後、看護師と栄養士に回り、主任生活相談員が全体的な確認を行う。ポイントは主に、①客観的に課題が抽出されているか、②職員の主観や願望が入っていないかの 2 点を中心に確認を行う。もし、職員の主観や客観的な課題が抽出できていない場合は、付箋をつけて担当者に差し戻し、パッケージプランの完成度を標準化

させている。この作業を通過したプランは施設長の検印が押され、利用者個人の同意（サイン）を得た後、個人台帳に綴じられ、プランが開始される。

〈支援ソフトの導入〉

　次に入所者の個人記録についてであるが、白寿荘では2014年10月より内田洋行の絆高齢者介護システムを導入した。それまでは入所者に関する日常記録や夜勤・宿直日誌の転記、クラブ活動報告等ほとんどの記録が手書きで行われていた。そのため重複する内容を複数利用者に記載する等、業務が煩雑になっていた。また、個人の記録を記入したいときは対象の入所者が居住するフロアの支援室まで台帳を取りに行く必要があった。そのような手間から、日常の細かな様子や職員との些細な会話等の記載がなく、年間を通してほとんど記録がない利用者も存在していた。さらに、日常業務の引き継ぎや、申し送り（例えば、利用者の入退所に関わる情報や、体調面の変化、職員業務においてのクラブ・行事の日程変更、各設備のメンテナンス情報）についての情報共有は、変則勤務のなかで確実に伝達することが困難であった。

　そのため支援ソフト導入は職員の悲願でもあったが、その反面、パソコンに不慣れな職員からの拒絶反応も予測された。せっかくソフトを導入しても職員が使いこなせないのであればまったく意味がないのである。そのため内部研修で実際の操作画面を使っての説明会を実施し、使用マニュアルを作成したり、複数ある機能を施設の実情に合った項目にカスタマイズした。また機能制限をかけ、必要最低限の項目しか画面上に表出しないように設定を行った。この作業は施設長、主任生活相談員が中心となり約１年かけて準備し定着を図った。これにより業務がスリム化され、入所者個人の記録はどこにいても入力が可能となり、入所者の些細な言動等も記載されるようになった。

　さらには、個別支援計画書に沿った支援の実践内容がすぐに記録化され、共有化できるようになったため、入浴嫌いな入所者が支援の成果で入浴できた際には、セクションを問わず「お風呂に入れてよかったね」「きれいになりましたね」などと入所者本人に声をかけることもできるようになった。入所者が努力した成果を見つけて共有することで、支援の経過も明確化され職員間でもよい刺激となっている。

　職員の経験年数によっては記録の記載方法や利用者を見る視点がズレてしま

うこともあるが、白寿荘では年に2回、個人記録の一斉提出を実施している。該当期間の記録を出力し、主任生活相談員と施設長が、明らかに記録量の少ないものや、主観が入ってしまっている内容がないかチェックし記録内容に対しても標準化を図っている。

　支援ソフトを導入し4年が経過したが、活用方法にはまだまだ課題がある。独自のパッケージプランを活用している為、個別支援計画はソフト内には反映されないのである。支援ソフトを開いた際に、入所者個人の支援計画が明確化されていれば、その利用者の支援を実践しやすいと考えられる。また、これは支援ソフトを導入した後、入職した職員に多い傾向にあるが、措置連絡票に記載されている入所前の生育歴や、手書きで記されている入所後の経過に触れる機会が減ってしまい、現在発生している課題にばかり目が向きがちであるという事が言える。

⑵　事例：喫煙の習慣をめぐって、個人の尊厳を守り日常生活を支援したケース

◆Nさん：男性、67歳（入所時）、知的障害あり（愛の手帳3度）

　18歳の頃から、東京都内にあった飲食店に20年以上住み込みで働いていた。しかしその店が廃業することになり住む場所がなくなってしまう。結婚はしておらず、兄弟がいるが数十年交流はまったくない。キーパーソンは元雇い主家族である。衣・食・住のすべてを雇い主家族が支援してきたため、識字、金銭管理、買い物等、生活能力は低い。また難聴でありコミュニケーションの多くをジェスチャーで行っている。キーパーソンとNさんの関係は良好であり、本当の家族のように暮らしてきた。白寿荘を希望されたのも、今後も面会に行きやすいという理由であった。日中は店の手伝いをして過ごし、1万歩程度の散歩を日課としていた。

　施設入所にあたり、キーパーソンからの、①ボヤを起こした経緯から禁煙の継続、②難聴や知的障害があるため、施設生活に慣れるまでは職員から指示をしてほしい、③散歩に行くことは継続させてほしいが、最初のうちは道に迷うかもしれないので注意して見てほしい、という希望を基本に支援方針を組み立てる事にした。

(1) 生活ルール

　入所面接から半年後、Nさんは入所された。入所後1週間は表情が硬く、職員からの声かけにも「どうしよう、どうしよう」と不安定な様子であった。しかし職員からの声かけや、周囲の利用者との交流のなかで徐々に施設生活にも慣れていき、3週間を経過する頃には1人で散歩に出かけるようになった。しかし土地勘がないために道に迷って保護される事例が頻発していった。白寿荘では外出は基本的に自由であるが、職員に一言伝えてから出かけることをルールとしている。しかし、自分の意志をうまく伝えられないことや、そもそも散歩は思いついたときに出かけるという習慣であったNさんにとっては、困難なことであった。戻れなくなるたびに、職員と外出時の約束を取り交わすがあまり効果はなかった。そのうちにNさんは、施設内に設置されている喫煙室で他利用者から貰ったタバコを吸ったり、そこにある灰皿に捨ててあったタバコを吸ってしまったりという行為が見られるようになった。キーパーソンからの依頼でもあったため、その都度、担当支援員、主任支援員、主任生活相談員が本人と話をするものの、必ず「僕は吸っていない」と主張していた。このような行動から、職員はNさんに対して、ルールを破る方、注意をして見守っていく方という視点が強くなっていった。しかし、養護老人ホームでの勤務経験があれば想像がつくと思うが、職員からの注意の目が強くなっていけばいくほど、それらをすり抜けてさらなる課題が表出するのである。

(2) 反発行動

　Nさんのケースでは、外（地域）で欲求を満たすようになった。具体的にはコンビニの店頭に設置してある灰皿でタバコをあさって吸ったり、道に落ちているタバコを拾い路上で吸ったりしていた。こうした行動を減らすために、施設内で支援会議を開き、Nさんにとって取り組みやすい食堂のテーブル拭き、新聞たたみ、食堂の掃き掃除等の軽作業を職員と一緒に行うという支援を組み立てて実践した。またキーパーソンへも連絡し、Nさんに対して注意をしてもらった。さらには喫煙の習慣だけでも止められないかと考え、禁煙外来に受診してもらい投薬治療も受けてもらったが、そのようなアプローチもほとんど効果はなく、再び喫煙室でタバコを吸ったり、職員の目を盗んで外出して

は、コンビニの灰皿を物色したり、近所にあるお地蔵さんの賽銭を盗んでくるようになった。

　当時を振り返ると、同じ施設で生活していてもタバコを自由に吸うことや、居室内でこっそり飲酒することができる利用者もいるなか、何をしても注意され、職員から管理される生活を強いられているNさんにとっては窮屈な場所でしかなかったように感じられる。支援会議のなかで、当時の主任生活相談員からは、Nさんが安心して暮らしていける方法を考えてはどうかとういう方針を提案したが、日々の対応に追われている支援員からは管理するという視点が強い傾向にあった。

　様々な対応を試行錯誤していたが、入所後2年が経過した頃、近くのコンビニからNさんがカップラーメンを万引きしたと白寿荘に連絡が入った。主任生活相談員がコンビニへ向かい防犯カメラを確認したところ、確かにNさんが盗んでいるところが映っていた。店長からは、「1度や2度ではないが施設に入っている方ということであれば穏便に済ませたい。しかし今後の出入りは禁止してもらう」という話があった。穏便に済ませてもらったものの、本人に事態の重さを受け止めてもらうにはどうしたらよいかを、施設長と主任生活相談員、またキーパーソンの間でも協議し、近隣の交番に相談し職員付き添いで本人を出頭させた。「次にやったら逮捕しますよ」と警察官に言われるとNさんは大変驚いている様子はあったものの、反省しているかどうか、Nさんの本心はつかめなかった。

　これまでの行動から、また再び同じようなことが繰り返される可能性は高かった。そして施設と地域との関係性は重要であり、1人の利用者の行動が施設全体に受けるイメージや他入所者の生活にも悪影響が考えられた。主任生活相談員が主となりキーパーソンと協議の上、行政に措置替えの打診を行うことを決めた。1か月後、行政機関が別の養護老人ホームに打診し見学と面接の日時が決定した。そのホームは白寿荘から遠く離れ、周りに商店があまりないような環境であった。本人の行動を抑えるためにはベストであるとキーパーソンも賛同して下さっていた。しかし面接後、ホームより受け入れ不可という判断が下ったという連絡が入った。

(3) 支援方針の転換

　他施設への移動が白紙となり、改めて施設として、医学モデルでの「本人の行動抑制を目的とした投薬治療の開始および精神科への入院治療」と、生活モデルでの「本人への関わり方を見直してみる」ことを検討することとなった。医学モデルの選択は生活モデルの挑戦が出尽くした際に検討するということを施設内で確認し、再びNさんへの関わり方を再検討することになった。

　ニュートラルに戻った状況で、Nさんの立場で、Nさんのこれまでの言動を振りかえる事にした。喫煙への注意に対しては、「やってない」とは言うものの、去り際に「ばかやろう」「ちくしょう」という言葉を吐くことにフォーカスし、支援会議を実施した。その結果、Nさんは知的障害があるために言語化は不得意ではあるが、あるがままの自分を認めてもらえない疎外感、監視されていることに対する閉塞感、これまでの生活（元就労先の家）に帰りたいが、もう帰れないことはわかっていることからくる寂しさが、Nさんの言動の根底にあるのではないか、ということに気がつくことができた。Nさんは「ここは本来の自分の場所ではない！」「でもここに居なければ生きていけない」、という矛盾した現実を受け入れることができずに、せめてもの反発として、際限なく注意されても喫煙を止めなかったのではないか、とも考えられた。このようなNさんの心情を汲み取り、Nさんの想いに沿った支援とはいったい何だろうか、と考えたときに、主任生活相談員よりNさんの反発のシンボルである「喫煙を認めて差し上げる」ということを前提に支援を再構築してはどうか、という意見が出された。職員の反応は、喫煙の解除に賛成する意見がある一方で、施設で火災が起きた場合に誰が責任をとるのか、夜間が不安で宿直夜勤の勤務の負担になる、見回りや巡回を増やさなければならず業務が多くなるのではないか、キーパーソンの意向と相反する、といった反対意見も出されたが、これまでの禁煙維持という取り組みに対する成果はまったくなかったし、具体的な善後策も見当たらなかったため、まずその取り組みを挑戦してみようという方針が出された。新たな支援方針をキーパーソンに伝えたところ、「施設という集団生活の場で火災が発生したら、とても責任は取り切れないから」という想いで、Nさんの禁煙継続を要望していた。しかしNさんとわれわれ施設職員との関係の変化を見極めたいこと、このアプローチによっ

て損害が発生したとしても、キーパーソンには迷惑はかけないこと、危険と感じたらすぐに元の方針に戻すこと、を提示したところ、キーパーソンの了解を得ることができた。

そして次のような支援方針へと変更された。①タバコを1本ずつ本人に渡し、その都度ライターは回収する。②喫煙場所で吸っている限りは見守る。喫煙所以外で吸った場合は注意する。③タバコを吸いたくなったら、職員に声をかけられるよう、定着を図る。声をかけられたら1本ずつ渡す。④ジュース代として100円ずつ渡し、自動販売機で好きなコーヒーを購入できるように見守る。これまでの方針と180度違うが、まずは実践してみることとした。

最初にNさんに対して、職員がタバコとライターを渡してみると、怯えた目で首を横に振り、なかなか受け取ろうとしない。職員がNさんと一緒に喫煙室に行き、Nさんの口にタバコをくわえてもらったうえで、ライターで火をつけたところ、Nさんは疑い深い目線を周囲に漂わせながら、緊張した面持ちでタバコを吸い始めた。Nさんが吸い終わるまで、職員は一緒にベンチに座り、Nさんが吸い終わった後で、笑顔で「もう一本どうですか？」と尋ねると、Nさんはとても驚き、恐縮した顔を引きつらせながら笑顔となった。自動販売機でコーヒーを購入し、Nさんに渡すと、満面の笑顔がみられた。喫煙所にてもう1本吸い終わったところを見計らって、これからはタバコを吸っていい。吸いたくなったら職員に声をかけてほしい。ただし喫煙所以外で吸ってはいけない。コーヒーが飲みたくなったら、事務所にいって声をかければ貰えます、ということを、ジェスチャーを交えて本人に伝えたところ、要領を得ない顔で頷かれた。

(4) 変　　化

その後、本人の言動を見守っていくと、外出や拾いタバコが劇的に減少したことに驚かされることとなった。多少は覚悟していた喫煙所以外での喫煙については、一度もなかった。タバコやコーヒー代が欲しいときにはやはり遠慮気味であり、まだまだ声をかける職員を選ぶことはあったが、Nさんは職員との約束を守り、タバコは喫煙室にて吸い、ライターを返却するときに、「ありがとうございました！」と大きな声で挨拶してくれるようになった。またコー

ヒー代をもらうときには、はにかんだ無邪気な笑顔を見せてくれるようになった。それから1か月程経った頃には、Nさんが得意とする食堂の清掃のお手伝いに積極的に関わるようになった。一生懸命お手伝いをし、汗をかいた後、おいしそうにタバコとコーヒーを飲むNさんの満足そうな表情を見ると、職員の心も和んだ。これまで、危険行為をしかねない存在として常に気を配らなければならない存在だったNさんに対し、職員はもっとNさんの笑顔を見てみたいと思うようにさえなっていた。

　キーパーソンに支援の経過を報告すると、すぐ面会に来て下さった。いつもはNさんに対して「嘘をつくな！」「迷惑をかけるな！」と怒っていたが、すっかり変わったNさんの表情をみたとき、感激して涙を流されていた。「とても心配していたがNさんのこんな顔を見ることができてとても嬉しい、自主的にお手伝いをするなんて、元の家にいたときのようだ」と、危険を承知でNさんに対して行った施設の取り組みに何度も感謝されていた。Nさんは、キーパーソンに褒められ大変嬉しそうであり、得意げな表情だった。

⑸　振り返って

　この事例では、「リスクを前提に管理型の支援を継続していくのか、あるいは本人の気持ちに寄り添い尊厳を尊重していくのか」という転換点に立たされたとき、施設として、Nさんを主体にしてこれまでの支援を見直したこと、それを職員間で共有できたことが、Nさんの変化につながったと考えられる。人を支えるということはどういうことなのだろうと振り返ったとき、かつて実践していたものは人を支えているようで、実態は看守のようなことをやっていたのではないか、それでNさんの笑顔をどんどんなくし、自分たちも追い詰められていくという悪循環に陥ってしまっていた事に気づくことができた。人を支えるということはどういうことなのか、必ずしも答えは1つではなく、正解は本人の心の中から一緒に探すことなのではないだろうか。われわれにできることは、まだまだたくさんあることをNさんから教わった。当時の職員は今でも当時の転換期を思い出すことが多くある。

＊本事例は実際の経験をもとに、趣旨を損なわない範囲において基本情報・内容の加工をしている。

❷ 洛南寮における個別支援

(1) 施設の基本情報

・所在地：1948年に京都市左京区岩倉に養老施設「京都府洛北寮」として開設、1960年に京都府綴喜郡田辺町へ移転し「京都府洛南寮」となる（1963年「京都府立洛南寮」に名称変更）。1982年に京都府から社会福祉法人京都府社会福祉事業団に管理・運営を受託。同じ田辺町内で新築移転し、現在に至る。

　2006年より指定管理者制度に基づく指定管理者として同事業団が管理・運営を行う。

・定　　員：100名。併設する救護施設（定員100名）の利用者と合わせると200名規模の施設。

・居　　室：準個室（約4.5畳）。隣室とは仕切りがあり、部屋の出入り口は隣室と同一。2部屋で1つの出入り口。洗面所も同様。

・入所者状況：年度別入所者数（3月末日）は2013、2014年は80名台だったが、2015年以降は90名台となっている。

・実施機関別入所状況：京都市からの措置が半数を超えており、その他市町村との間に差がみられる。平均年齢は79.5歳（2018年10月末時点）、平均入所期間は5年8か月で、2017年度の入退所状況は入所・退所それぞれ20名。近年の傾向としては、入所理由に独居困難や虐待が、退所理由には死去、家庭復帰、医療機関等への転院が挙がっている。

・介護保険：2006年10月から外部サービス利用型の介護保険事業所をたちあげて介護サービス提供を開始するが、2017年度には、外部サービス利用型から一般型へ類型変更した。養護老人ホーム入所定員100名のうち59名が介護認定されているが、うち28名は特定施設入居者生活介護の介護保険サービスを利用している（2018年11月時点）。

　類型変更後は、機能訓練指導員や看護職員、介護職員を増員しサービスの充実に努めている。

・記録方法について：市販のクラウド型業務支援システムである福祉見聞録（株式会社東経システム）を導入し、利用者情報のデータベースを構築のうえ、処遇計画、特定施設サービス計画書（ケアカンファレンス含む）・個別機能

訓練計画・各種日誌（看護・介護）、その他事故ひやりはっと報告や会議録等を記録している。10台のパソコンにライセンスを入れて、職員が個々のIDでログインして閲覧・入力するしくみであり、請求業務へも連動させ、法人事務局で行う会計処理とも連携させている。

　また、処遇計画や各種委員会等その他の記録は、WordやExcelで記録しており、施設内ネットワーク上の共有フォルダに保存のうえ、養護老人ホーム職員（管理職含む）が閲覧・入力可能な環境を整備している。

・会議について：処遇計画に係るケース会議は、最低年1度開催。変化時は都度実施（ケース担当支援員とその他支援員、看護職員の参加は必須。場合により機能訓練指導員、栄養士も参加）。特定施設サービス計画書に係るカンファレンスについては、最低年2回。変化時や更新時は都度実施（計画作成担当者　介護職員、看護職員の参加は必須。場合により機能訓練指導員、栄養士も参加）。

⑵　当施設での「処遇計画」と「特定施設サービス計画書」について

　洛南寮では、2006年より介護保険サービスを利用できるよう外部サービス利用型特定施設入居者生活介護を導入し利用者支援を進めてきた。2017年に一般型特定施設入居者生活介護へ類型変更を行う。

　それまでの介護保険サービスを利用する方の支援に係る計画は、養護老人ホーム支援員がつくる「処遇計画」と計画作成担当者がつくる「特定施設サービス計画書」（以下、「ケアプラン」）が両立していた。そのため、支援の方向性が必ずしも一致せず、作成者の情報量や力量によって差が生じてしまうこともあった。そこで、一般型への類型変更を行う際に「養護老人ホームパッケージプラン改訂版」（社団法人全国老人福祉施設協議会）を採用し、計画作成担当者がつくる「ケアプラン」へ計画を一本化することとした。これにより、100名の利用者に対して支援員が作成していた「処遇計画」が約70名となり、支援員の膨大な事務負担の一部を軽減することにつながった。

　養護老人ホーム支援員がつくる「処遇計画」については、介護保険サービスを利用していない利用者（約70名）のみ作成することとした。そして、「養護老人ホームパッケージプラン改訂版」は採用せず、従来どおりフォーマット（書

式）を Excel（洛南寮独自の様式）とし、施設内ネットワーク上の共有フォルダに保存のうえ、養護老人ホーム職員（管理職含む）が閲覧可能な環境とした。

「処遇計画」は入所後３か月以内に作成することとしているが、入所前の本人や家族の状況については、措置機関からの情報が少ないケースが多く、十分なアセスメントを実施できないことがある。そのため、他職種が参加しての支援会議を徹底し、より多くの情報収集に努めている。また、病院からの退院時やADL等に大きな変化があれば、その都度「処遇計画」を見直し、変更することとしている。

特定施設契約者（介護保険サービス利用者）の「ケアプラン」については、市販のクラウド型業務支援システムである福祉見聞録[*]を利用し作成している。養護老人ホーム職員はパソコンで常時閲覧が可能であり、最新の「ケアプラン」については、職員詰め所で紙のファイリングをしている。

> [*] 市販のクラウド型業務支援システムである福祉見聞録（株式会社東経システム）は、入所時に基本情報を入力すれば、「ケアプラン」以外にも介護日誌や看護日誌、機能訓練計画や事故ひやりはっと報告においてもデータを共有・随時記録ができ、各種データ集計や分析を行う機能や、電子決裁、職員の勤務予定や会議の議事録、掲示版など職員間の情報共有を行うツールとしても活用している。
> 　特に、事故ヒヤリハット報告は、内容の検証に加え、発生場所や時間帯ごとにデータ分析が可能であり、毎月の事故防止委員会における再発防止対策検討時の資料としている。
> 　また、京都市内にある法人事務局においてもシステムを通じて情報の共有ができているため、事故が起こった際に連携し初動の対応が行えるようになっている。日々入力する情報は請求データにも連動するため、請求業務の省力化につながっている。
> 　会計処理データの作成は、京都市内にある法人事務局が行っているが、同じシステムで閲覧できる環境を活かし、適時、会計処理に必要な請求内容を抽出して会計処理をするよう分業している。

「処遇計画」と「ケアプラン」については、様々な方法で職員へ周知を図っているが、100名の利用者支援の方向性を全職員が的確に把握することは難しく、今後の課題となっている。

プランに関する様式は次のとおりである。一般利用者の様式は、「フェイスシート」、「アセスメントシート」、「アセスメントの要約（支援実施書）」、「支援計画書」である。特定施設契約者については、「自立支援計画書兼（介護予防）特定施設サービス計画書（第１〜４表）」である（このうちの第２表の２を掲載）。紙幅の関係上、ここでは一部の計画様式を抜粋、次項で紹介する事例とは別事

アセスメントシート

作成日：平成　年　月　日　　記入者：

氏名：

■領域A「身体的な状況の評価」

区分	項目	状況	
移動・移乗	移動	自立・一部介助・全介助	特記
	移乗	自立・一部介助・全介助	特記
食事	食事動作	自立・一部介助・全介助	特記
	食事形態	普通・あら刻み・刻み・極刻み・ミキサー・その他（　）	特記
	嚥下等	良性（　）　嚥い（　）	特記
排泄	排泄動作	自立・一部介助・全介助	特記
	排泄方法	トイレ・ポータブル・パッド・オムツ	特記
	排泄障害	ストマ・カテーテル・その他	特記
入浴・整容	入浴動作	自立・一部介助・全介助	特記
	更衣動作	自立・一部介助・全介助	特記
	口腔衛生	自立・一部介助・全介助	特記
	整容	自立・一部介助・全介助	特記
健康管理	健康管理	自立・一部介助・全介助	特記
	服薬管理	無・有（自立・介助）	特記

■領域B「生活の遂行状況の評価」

	項目	状況	
日常生活	掃除	自立・一部介助・全介助	特記
	洗濯	自立・一部介助・全介助	特記
	シーツ交換	自立・一部介助・全介助	特記
	買い物	自立・一部介助・全介助	特記
	喫煙	無・有（自立・介助）	特記

■領域C「精神的・心理的な状況の評価」

区分	状況	
理解 認知（物忘れ）	自立・一部理解・理解できない	特記
行動の状況	徘徊・暴言暴力・幻覚幻視・介護拒否・被害妄想 不潔・大声奇声・異食・収集癖 火の不始末・異食・無断外出 迷惑行為・その他（　） （※複数の場合は一番心い頻度に合わせる）	特記
行動の原因	統合失調症・認知症・アルコール性依存症 知的発達障害・その他（　）	特記

■領域D「社会性・対人関係・コミュニケーション・社会参加等状況評価」

区分	項目	状況	
社会性	面会	無・有（頻度　）	特記
	外出	無・有（頻度　）	特記
	外泊	無・有（頻度　）	特記
	趣味活動	無・有（　）	特記
	金銭管理	自立・一部介助・全介助	特記
対人関係	家族等近親関係	良好・普通・不良	特記
	虐待の可能性	無・有（　）	特記
	対人トラブル	無し・ほとんど無い・ときどき・実時	特記
社会参加	施設内活動への参加	積極的・消極的・無関心	特記
	地域活動への参加	積極的・消極的・無関心	特記
	ボランティア活動	積極的・消極的・無関心	特記
	就労	可能性あり・困難	特記

アセスメントの要約 （支援実施書）

氏名：　　　　作成日・平成　　年　　月　　日　　担当：

移動
杖なしで自力歩行可能。
ただし、前傾姿勢になりがちであるため、すり足等には、ゆっくり歩く様誘導・注意が必要。

食事
米飯、普通食（アレルギーなし）
お箸を使い食べることが可能。
好き嫌いはないようで「なんでもおいしく食べます」と言われる。

入浴
シャンプーやボディーソープなどがわからないためお湯、事前に皆と背中は全介助であるが、他は見守りのもと自身で実施可能。

排泄
便座・尿器あり、パンツや紙パンツ要。ただし、排泄・尿の流し方、手を洗う場所がわからず習得される時あるため付き添い必要。

健康管理
内服薬にご本人より風邪をひいてもすぐ直るか薬も飲んだことはないと言われるが、今後、内服が処方された場合、自己管理は難しいため介助を要すと考えられる。

精神的・心理的な状況
長谷川式スケール6点。直前のことも忘れてしまわれる。また、忘れてしまうことに対する困惑は見受けられない。

日常生活
掃除・洗濯・整理整頓は職員見守りの元なら可能であるが、金銭管理や文書の作成は全介助を要する。敷金・実施はされない。

社会性
手縫得裁縫を要する、テレビを皆をきんと見たり、塗り絵などもしまれるため、あまり細かい作業は好まれない様子である。

対人関係
社交的であり、お話も好きで、他者とトラブルもない。

社会参加
施設内行事や日課などについては、誘導があれば参加される。

その他
「裁縫を長くしていたことから、動いたり働いたりするのは好き」とのことで、食堂の後片付けなど（職員誘導のもとではあるが）はよくされている。

支援計画書

■施設利用への利用者の意向

入所したばかりなので不安ではあるけれど、家でしていたような家事をここでしていきたい。

■総合的な支援の方針

長年、ご自宅で農業を営まれていますが、こちらに入所され不安なことやわかりにくいこともあるかと思います。その気持ちを理解しながら、自宅でもしておられた家事（体を動かす家事）を職員の見守りの元続けていける様に職員全員で協力しています。

解決すべき課題・ニーズ（要因）	長期目標	支援目標	短期目標	援助内容
転居し生活不安もあるが、家でも自分の役割をもって体を動かして生活できる。	家でも自分の役割をもって体を動かして生活できる。	職員と一緒にすることで、うまくいけばいいと不安なく細かな用事を行うことができる。		

上記の支援計画は、下記のものが説明しました。

平成　　年　　月　　日

説明者　　　　　　　印

上記の支援計画説明を受け、了承しました。

平成　　年　　月　　日

利用者氏名

自立支援計画書兼（介護予防）特定施設サービス計画書（第2表の2）

(Ⅱ)実施計画〜②(特定施設入居者生活介護計画書⇒要介護者について作成)

氏名　　　　　様　　　ケース番号　　　　　　　　　（初回作成：平成　年　月　日）

生活全般の解決すべき課題（ニーズ）	サービスの目標 長期目標	（達成時期）	短期目標	（達成時期）	援助内容 サービス内容	サービス種別	提供事業所	頻度及び期間
歯磨きをすると、痛みがあるので、痛みをなくしたい。	痛みが解消し、おいしく食事がとれる。		口腔内の清潔を保持できることで、痛みの軽減を図ることができる。		うがいと歯磨き介助の実施（夕食後は特に歯ブラシを受け丁寧に実施する。付き添い職員がある場合、歯磨きのやり方に変化がある場合に、歯科医や歯科衛生士に指導を仰ぐこと）	介護職員	特定	
					訪問歯科の往診を受け、口腔ケアを実施する。	訪問診療	歯科	
不安なく、施設内の移動や生活をできるようになりたい。	具体的な言葉かけと、部分的な介助を受けることで不安なく生活できる。		具体的な介助を受けながら、現在自分でできていることが維持できる。		入浴介助の実施。（ご自身で洗える部分の腕や胸部や腹部は自分で洗っていただく）	介護職員	特定	
					入浴の際に脱がれた衣類や、汚染した衣類については洗濯介助を実施することで、清潔な衣類を着用していただく。	支援員	養護老人ホーム	
					排泄介助の実施。（ズボンの上げ下げなどはできるだけご自身でしていただく）女性排便があれば、排便確認表に記載。2日目排便がなければ3日目朝食前に下剤を服用していただく。	介護職員	特定	
			居室内の環境を整理することで、転倒することを予防する。		居室内清掃、シーツ交換等の実施。	支援員	養護老人ホーム	
			場所などが変わる際の動作時に言葉かけをすることで、すればいいかわからないという不安を軽減できる。		スムーズな移動ができるように個別機能訓練を実施する。	個別機能訓練指導員／介護職員	特定	
					食事やトイレなど、移動が必要な際には、必ず具体的な動作に合うように行く場所にはどのくらいか簡潔にこまめに言葉かけを行う。ご本人より、職員が不安そうにできると判断した場合、移動場所まで付き添いを行う。	支援員	養護老人ホーム	

サービス実施上の注意点（障害者等支援加算　有・無）

自力の思いをうまく言葉に表現できない為、ご本人からの言葉だけでなく表情や動作、必要に応じて付き添いや介助を実施すること。

例で記述の例示をしている。

(3) 事例：うつ病から認知症を発症、重介護となり特別養護老人ホームに移行したケース

◆Tさん：女性、91歳（2018年）、1927年生まれ。71歳（1997年）の時に当養護老人ホームに入所（入所期間21年）

(1) 概　　要

- 入所理由：夫死亡後、うつ病を発症。身体の衰弱激しく精神科への入退院を3回ほど繰り返す。その後、老人保健施設に2か月ほど入所していたが、単身生活に戻るとうつ病の悪化や身体の衰弱を繰り返す危険が大きいため養護老人ホームに入所となる。
- 生活歴：A県にて2人姉妹の長女として出生。父は印刷会社勤務。母は幼少期に死別（詳細不明）。後妻が来たため小学校5年生のときにB県の叔父宅に養女に出され、高等小学校卒後は叔父の染物業の手伝いをする。25歳のときに農業を営むH氏と婚姻。夫はすぐにA県に出て建築業に携わり一女二男をもうけるも37歳のときに離婚。子どもを残し本氏のみB県に帰る。55歳のときにB県でかばん屋を営むT氏と再婚。1992年夫死亡。
- 病　歴：パーキンソン病（時期不明）、うつ病（1992年）、前頭側頭型認知症（2016年1月）、C型肝炎、右手首骨折（1992年、2016年。右手首骨折による変形あり）、慢性硬膜下血腫（2014年、手術2回）、肺炎（2016年）、急性胆嚢炎（2017年）、尿路感染症（2018年2月、3月）。
- 身長・体重：149cm・47kg（2017年10月）
- 要介護：5（2017年2月認定）
- 食　事：全介助（対面や、つきっきりの介助は好まれないため配慮必要）
- 排　泄：全介助。日中は2人介助でトイレ誘導実施。夜間はおむつ交換。
- 入　浴：全介助。シャワー浴。
- 家族関係：子どもとは音信不通。緊急連絡先は亡夫の甥。養護老人ホーム入所前は老人保健

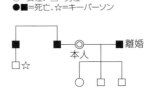

施設に入所しており、そこから見学や面接（顔合わせ）に来ていた。施設を移ることにあまり納得していなかったのか、「自分よりもっと長く居る人もいるのに……」と発言あり。家族と行政の勧めもあり了解し入所に至る。

(2)　生活の経過

【入所時〜2014年3月】

　日常生活においては全て自立しており、自身のペースで散歩や買い物をしていた。集団生活や人との関わりについてはあまり得意ではないようで、顔見知った職員や利用者とは話すことはあるが、新人職員などには挨拶をしてもプイッと顔をそむけることがあった。職員の情報提供もあり、当施設のような定員100名で完全個室ではない大きな施設よりも、ケアハウスなどの自分の空間も保てる施設の資料をもらいに事務所に訪れていた。それ以降、本人よりその話はないままになった。職員が聞くと「ここにも慣れてきたしなぁ」と返答されるにとどまり、それ以上は話されず。

【2014年4月〜　　】

　身体が後ろに傾かれているため通院。慢性硬膜下血腫とのことで入院。手術をされるが、病院にて転倒、再手術を受ける。同年6月に退院するも、食事をしたことを忘れたり、金銭のしまい忘れなど物忘れ症状や排泄がうまくいかないことが時々起こるようになる。

【2016年】

　要介護3の認定がおり、特定施設の契約を締結する。

　職員の言葉かけや誘導、部分的な介助を受けながら生活していたが、トイレに行くことができなかったり、体幹のバランス悪く、日中後ろに傾きながらも休まず同じ所を歩き回ったり、介助を拒まれることが強くなったため精神科受診。CTの結果、前頭側頭型認知症と診断され、内服が開始されるが、さらに転倒リスクが増える危険があるとのことでメマリーのみ処方。紙パンツもポリマーを破ってしまうため布パンツにパットを使用。5月、外に出ようとして転倒。右頭部裂傷、右手首骨折で救急搬送される。以降は明らかに歩行不安定になり、再転倒のリスクが高くなったため甥の同意を得て夜間の対応としてベッ

ドを撤去しマットレスを敷き、センサーマットを使用することで、できるだけ早期に対応できるよう変更する。食事についても右手が使いにくいことで、うまく動作ができずおにぎりなどの手でも食べられるものを提供するも、全介助となる。精神科受診を継続していたが、徐々に活動性が低下し食事量も減少、体力的にも通院が難しくなっていく。9月頃より精神科（認知症）への受診を往診に変更。内服もメマリーのみの処方からメマリーを減量しウィンタミンを朝、夕食後に加薬。その後の変更もこまめに調整してもらった結果、少しずつ介助を拒むことが減少する。紙パンツも使用するようになり、食欲も旺盛で調子がいいときは自身でも食べられるようになり比較的安定していった。

【2017年】

夜間オムツを口に入れる、食堂で隣の方のおかずを食べてしまうこともあるが、入所時のように自身の思いを言葉に出して伝えられるようになり、居室内でテレビなどを鑑賞して過ごす時間をもつことができるようになる。ただ、車いすに乗っていても身体が前に傾くためティルト式車いすに変更するも足元が気になるのか、座位が保持しにくいのか、さらに前傾の姿勢となり車いすよりの転落の危険がある。義理の弟の了解のもと車いすベルトを使用。

それ以降、食欲低下や尿路感染症などでの入院もあったが、比較的安定して生活をしていた。要介護認定5の認定がおりる。

その後、緊急連絡先であった義理の弟が死去し、その子どもが保証人を引き受けてくれる。ただその甥も高齢となり、遠方であるため入退院が増えてきたことによる（入院時の同意書などの対応への）負担が増加する。当施設では居室が狭く出入り口に段差があったり、トイレが狭く車いすでは入りにくかったりとしている現状がある。経済的には、年金額は低額。かつ入退院を繰り返されたことにより預貯金も少ない。家族と話をし、環境が整い、家族の負担を考慮し家族の自宅に近い特別養護老人ホームの入所申請を行う。

【2018年】

車いすベルトを外せるよう、機能訓練指導員による関節可動域訓練、座位バランス訓練等の機能訓練を開始。開始時点から、筋力は横方向への蹴り動作も見られる程度はあり、車いす上で臀部をずらしたり体幹を前屈させ、二つ折れになり、また戻ってくるなど柔軟性や筋力、バランス能力はあったものの、前

傾姿勢は改善せず。その後、特別養護老人ホームに入所となる。

【特別養護老人ホームに入所後】

　退所後、洛南寮の計画作成担当者と支援員が特別養護老人ホームへ訪問。車いすベルトなし。当初はクッションを使用するなどして転落予防をしていたが、最近は前屈になられることもなくティルト式の車いすで過ごしている。入所時は食欲なく、看とりの時期かと心配していたが、徐々に回復し、入所前は粥・刻み食（かなりこまかく刻んだもの）であった食事が現在は常食になっているとのこと。

(3)　振り返って

　私が支援員としてTさんと初めてお会いしたときの印象は、正直、「怖い？方」だった。挨拶をしてもぷいっと横を向かれ返事もなかったり、先輩の排泄対応には応じてくれても、私には拒まれてしまったりの連続で落ち込んだ記憶がある。なぜだろう、どうしてだろう、とアプローチ方法を変えたりしてはみるものの、成功したり、しなかったり。成功したアプローチ方法が次に成功するかと言えば、そうではなく、正直悩んだ。私が支援員として働き始めてしばらく経ち、拒まれてしまうことがしんどくなり避けてしまいそうになったとき、「一体、この方はどんな歩みを今までされてきたんだろう」と、ケースファイルの中にある10年前の処遇計画を読むと、対人関係の欄に「傷つきやすいために、必要以上に防御してしまい人を受け入れられない時がある」と書かれているのを読んで驚いた。「あぁ、そういう視点が私にはなかった」と改めて気づいた。Tさんは、拒んでいる訳ではなく、自分をしっかり守っている。この視点をもてたとき、ずいぶんと心が軽くなった記憶がある。

　数年後、私は特定施設の計画作成担当者としてTさんと関わることになった。当法人は特別養護老人ホームを併設しておらず、看とりが困難な養護老人ホームであるため、利用者のこれからの住まいについては判断に迷うことがほとんどだ。特に要介護4〜5の利用者にとっては、入院したあと（経管栄養や酸素吸入など）受け入れができなくなるリスクが高くなり、本人の退院後の居場所がなくなることが起こりうるだけに、どの時点のどの対応が本人や家族にとってよいのかを模索している。同時に職員にとっても、夜間や土日祝日に看

護職員が不在のなかで、施設での死去は、警察からの長時間にわたる聞き取りや、遺体の検死など、特に新人職員にとっては精神的に自責に追い込んでしまいやすく、職員間でケアをするも、その重さに耐えられず退職してしまう職員もいる。施設の設備においても、段差やスロープがあり、トイレや風呂場も狭く決して介護において適しているとはいえない環境のなかで、懸命に支援している支援員の動きを見ていると、職員が不安なく支援し続けるためには、私たちは現場の限りある力のなかで、何を守り、何を変えていく必要があるのかを考え続けている。

　このケースをはじめ、地域に馴染めない方、触法高齢者、（被）虐待者等々と様々な方たちを受け入れ、共に生活を営んでいる養護老人ホームにとって、入所後そしてその後の生活のあり方や、場合によっては終末の迎え方も多様化しており、職員数（マンパワー）だけではなく職員個々の知識や対応力もさらに求められてきているように実感する。養護老人ホームの専門性とは、一体なんだろうと考えることもある。障害、高齢、触法、虐待、認知症……分野が多岐にわたるがゆえに、いつの間にか私はその人らしさがみえず「"養護で生活し続けること"のみを、優先してきたのではないか……」と、ここに事例を紹介しながらも、自分自身「本当にこれでよかったのか」と振り返り自問自答している。それと共に、改めてＴさんが生活した当施設での20年間の記録を読み返し、入所当初、Ｔさんがケアハウスの資料を受け取られた後に職員にもらした「ここにも慣れたしなぁ」という言葉の裏側には、あまり素直に言葉に表されなかった「ここで生活し続けたい」という思いがあったのではないか。特別養護老人ホームに移られ、車いすベルトも外れ、食事も固形物を食べられるようになったＴさんを見て、いつのまにか職員が日常業務に精一杯になり、Ｔさんが望まれていることや胸に収めていた思いを察することができていたのだろうか。事故が起こった場合などのリスクのみに目を向けてしまい、本来本人が持っている思いやできるかもしれないという可能性を考え、行動できていたのだろうか。どこかで、特定施設であったとしても当養護老人ホームでは、看とりが困難だからということを理由にしていなかったか。長期の入所期間のなかで、さらに高齢になり、うまく言葉や態度で伝えることができない方に対し、その方にとっての最適なものの提供は難しくても、その時々の最善を考

6　養護老人ホームにおける相談・生活支援　｜　175

え、共に目指していくことできるよう、流されず立ち止まって検討し続けたいと思っている。

　計画作成担当者として、そのためにまずその方の過去と現状をしっかりと捉え、共に未来を見据えて、日々を積み重ねられるようなプランを作成し実施していけたらと思う。

＊本事例は家族の了解を得て紹介している。

③ ま　と　め

(1)　2事例が提示する相談・生活支援の課題

　2施設から提示された事例は、養護老人ホームという施設の果たすべき役割について根源的な問いを読者に投げかけている。

　白寿荘のNさんの事例については、似たような経験をもつ読者（職員）は多いかもしれない。この事例は、初期の支援計画で、キーパーソンが継続してきたことを踏まえ、その希望をもとに作成していったことから始まる。Nさんは知的障害もあり、気ままな散歩が道迷いとなるのだが、自分の意思を職員に伝え外出するルールについても、長年の生活習慣とハンディから守れないがために、職員から再三注意を受け、Nさんはタバコに関わる約束事や常識的マナーを次々破り、隠れ喫煙、万引きへと発展する。施設側は措置変えもできず、投薬か支援の見直しかを迫られるが、はたと、職員の注意に「ばかやろう」「ちくしょう」と吐いた言動の根底にある気持ちに主任生活相談員は気づく。火の不始末は施設の火災を招く大きなリスクである。それゆえ、読者のなかには、施設の判断は勇気というより無謀な判断との印象をもつ人もいるであろう。しかし、他の施設への措置換えも拒まれ、もうどこにも受け入れ先のないNさんを引き受け続けるのもこの施設が直面した現実であり、与えられた使命であった。

　言うまでもないが、利用者主体は支援の基本原則である。その原則のうえで、この事例は、他者からみれば愚かな行為、よくないことであるとされる行為であっても邪魔をされない個人の自由と意思決定に、支援者はどう関わるの

かというテーマを突きつけている。本ケースのように、予測される最大のリスクが火災という事態に直面すれば、職員が安全管理へと向かうのは当然であろう。では、過度な喫煙や飲酒、ギャンブル、軽度の自傷行為に対し、職員は、支援者としてどう向き合っていくのか。そこでは、本人の真意に向き合い、周囲の状況も踏まえた予測と判断（アセスメント）をしながら、許容あるいは制限の時期や範囲を考える。

リスク予防として、管理上の責任から制止する言い方や制約を強化する方法はいくらでもある。だが、それほどのリスクがないと思われる場合にも、安全第一の名目で自由を過剰に制限することは、他に転居先のない境遇にある人を精神的に追い込み、萎縮や怖れ、あるいはこの事例のように反発的行動をも呼び起こすに違いない。

こうした個別支援には、常習性、依存性の高い行為への対応という点で、窃盗等の軽犯罪を繰り返し出所してきた直後の入所者や、アルコール依存から回復したばかりの入所者に対する支援のあり方にも共通する難しさがある。Nさんは、知的障害により支援の意図を説明されても十分理解できず、自分の意思をうまく伝えられないハンディを抱えたがゆえに、互いに困難な道のりをたどることになった。そこで職員らは、Nさんをはなから意思決定できない人と判断するのではなく、Nさんを認め、新たな提案することで、Nさんの意思決定が導き出され、Nさんは自身で施設の生活に希望を見出すことができるようになっていった。自己コントロールと制限の緩和をめぐる意図的な支援は、職員と本人との間に生まれる相互理解によって、一歩前進、二歩後退しつつも、よい方向へと向かっていくことができるのではないだろうか。

次の洛南寮は、一般型特定施設に類型変更した施設である。それによって、入所者は、重度の要介護状態になっても居住し続けられるよう生活環境が整えられた。しかし、支援員である筆者は、Tさんは、ここでの21年間の生活は、このホームで本当によかったと思っていたのか、そして、長年慣れてきたホームさえも、この時期に変わることはよかったのか、と元気な頃の姿を思い出して振り返る。かつてケアハウスのパンフレットを持ち帰ったTさんの真意、Tさんの気持ちを汲み取れる関係になれなかった自分を振り返りながら……。

特別養護老人ホームで面会したTさんは腰ベルトがはずれ、刻み食から常

食に戻っていた。養護老人ホームのなかで転倒のリスクを考えるあまりにN さんの思いや可能性を考えて行動できていたのかと内省する。そのまなざしからは、本人が望むことを汲み取ることの大切さ、一般型特定施設のなかでできる最善のケアとは何かという、支援員が担う役割の重さが伝わってくる。

現代の養護老人ホームは2006年より特定施設、個別契約型等々の介護サービスを備えることができたものの、どこまでの心身状態までケアできるのか、また、すべきなのか、施設関係者の間でも、実はそこの線引きは分かれているように思われる。といって、全施設が一律に"他の介護保険施設への移行にかかわる線引き"を引くことがよいとは考えられない。

その人にとってのベスト・インタレスト（最善の利益）を本人や家族、措置機関、全職員で共有できる根拠を職員側がもてるかどうかということが問われている。法改正に基づく類型変更で施設における要介護者の受け入れの幅は広がり、措置の際の選択肢も広がることになった。だがその分、受け入れ可能な境界線が職員、関係者に見えづらくなっている。

加齢に伴う心身の変化はどの入所者にも起こってくる。そのために、職員は本人が判断できなくなったときにも、その人の意思決定を適切に支援できるようにしなければならない。それまでの本人と家族、支援者との関わりのなかで、諸事情と合わせてよりよき選択と判断がとれるような"助走"あるいは"備え"が必要だ。そのことをこの事例は私たちに伝えているように思える。

(2) 支援計画

さて、②の施設の概要全般では、それぞれの施設において処遇計画とケアプランをどのような組織運営、データ管理、様式によって各職種で共有し、個人のための実質的意味のあるプランにしてきたか、その経緯が詳しく紹介された。処遇計画・ケアプラン（特定施設サービス計画）、それに伴う記録類は、そもそも、法令遵守のための証拠やかたち、給付の根拠資料のためではなく、生きているその人と、支援する側との契約により、本人や家族の相互理解あってのものである。それゆえ入所者にとっての最善に向けて、どう目指し、到達できうるのかを示し、職員の具体的行動指針になるものでなければ、作成する意味がない。

記録の書式や記述の方法、データ管理や活用のあり方は、今後さらに養護老人ホーム間で活発に議論されることによって、精度も高まっていく。そうした時期に、２つの施設が、現行の方式に至るまでの過程と今日の課題を、惜しみなく本書で公開していただいたことの意義は大変深い。それゆえに、紙幅の関係上、各施設の書式についてすべてを掲載することができなかったことは残念でもある。本来、全書式があって成り立つ個別支援計画であり、ケーススタディとするならば実施経過を含め、完結した全書式をここで提示ができることが望ましい。が、それはまた違う機会に譲るとして、本書では、処遇計画と介護サービスのアセスメント項目や立案の視点の参考に、数枚の書式を抜粋することにとどめた。

　なお、現代の養護老人ホームには３つの類型の違いがあり、この類型に応じ、主任生活相談員が立案する「処遇計画」とは別に、介護支援専門員が、類型に応じた介護サービスにおけるケアプランを立案することになっている。特定施設では、入所者は１人でありながら、制度上は１人に２つのプランがある。法令遵守をしつつ、職員の負担軽減にも配慮しながらどのように効率・効果的な記録類の書式を整え、データ保管と活用をしていくか、今後はますますIT技術の進歩に伴う創意工夫が問われるところである。残念なことだが、特定施設の現場では、本来、同一の入所者に対する支援が、計画立案者の力量や視点によって計画内容にずれが起きることもありうるとの話も聞く。制度上、措置費および介護報酬を受ける上では現場での追いきれない事情もあるとはいえ、職員組織のなかで善処していくべき課題である。このほか、いまだに法令では「処遇計画」という名称が使われているところも疑問が残るところである。

　養護老人ホームにおける書式を含めた支援のプランニングの方法については、今後さらに現場の職員のなかで活発な議論と創意工夫がなされることで、支援の質の向上、ひいては入所者のQOLにつながっていくであろう。本章がその一助になれば幸いである。

［引用・参考文献］

クリス・ペイネ（1980）「レジデンシャル・ソーシャルワーク」ハリー・スペクト＝アン・ヴィッケリー（岡村重夫・小松源助監修訳）『社会福祉実践の統合化』ミ

ネルヴァ書房

アン・マクドナルド（杉本敏夫監訳）（2012）『高齢者とソーシャルワーク―現代的な
課題』晃洋書房

7 高齢者の生活困難に立ち向かう養護老人ホーム

① 養護老人ホームの措置

(1) 養護老人ホームの措置

養護老人ホームは、1963年に成立した老人福祉法に基づく「老人福祉施設」の1つである。同法第5条の3には、「老人福祉施設」として、養護老人ホームを含めて、老人デイサービスセンター、老人短期入所施設、特別養護老人ホーム、軽費老人ホーム、老人福祉センターおよび老人介護支援センターの7施設がある。

同法第11条では、市町村は、必要に応じて、養護老人ホームへの措置をとらなければならないと規定している。具体的には、「65歳以上の者であって、環境上の理由及び経済的理由により居宅において養護を受けることが困難なものを当該市町村の設置する養護老人ホームに入所させ、又は当該市町村以外の者の設置する養護老人ホームに入所を委託すること」となっている。そして、養護老人ホームは「措置に係る者を入所させ、養護するとともに、その者が自立した日常生活を営み、社会的活動に参加するために必要な指導及び訓練その他の援助を行うことを目的とする施設」(第20条の4)としている。

さらに、入所措置の基準については、1987年の「入所等に係る措置に関する規則」において、環境上の理由と経済的理由の2つを挙げている。まず、環境上の理由については、「家族や住居の状況など、現在置かれている環境の下では在宅において生活することが困難であると認められること」とされている。次に、経済的理由については、老人福祉法施行令(1963年政令第247号)において、次の3つを挙げている。第1は、65歳以上の者の属する世帯が生活保護法による保護を受けていること、第2は、65歳以上の者およびその者の生計を維持している者の前年の所得について、所得割の額がないこと、第3は、災害そ

の他の事情により65歳以上の者の属する世帯の生活の状態が困窮していると認められること、である。

　以上のように、市町村という基礎自治体が、高齢者の必要に応じ、養護老人ホームへ措置することを規定している。

(2)　地方自治体における措置の実態

　公益社団法人全国老人福祉施設協議会（以下、「全国老施協」）は、2019年3月に「養護老人ホームの被措置者数に関する調査」の結果を発表している。地方自治体の措置の実態が示された貴重なデータであり、ここで簡単に紹介したい。

　この調査は、全国老施協が調査主体となり、養護老人ホームの入所率、そして各市区町村の措置状況からいわゆる「措置控え」の実態を明らかにしようと実施された。具体的には全国の養護老人ホームを調査対象にして、2018年4月1日現在の入所者について、どの自治体から何人が措置されているのか等、被措置者数の状況を把握したものである。調査期間は2018年4月から12月までとなっている。

　調査の回収状況であるが、全国老施協の非会員施設も含めて、調査時点の2018年4月で養護老人ホームが全国に953施設あり、その全数を対象とし、回収数は884、回収率は92.8％となっている。回収率100％の都道府県は28道県（図表1を参照）であった。回収率100％未満の19都府県でも回収率の平均は82.5％と高率であった。

　まず、入所率（定員に対する現員数の割合）は全国平均で89.9％となっている。この平均値を上回る施設は7割となっているが、残りの3割の施設の平均入所率は71.8％であった。最も低い養護老人ホームの入所率は20.0％である。

　図表1は、今回の調査の回収率が100％であった28道県の養護老人ホームの入所状況である。「全国入所率－県入所率」の欄をご覧いただきたい。入所率が全国平均89.9％を10ポイント以上下回っているのは、栃木、富山、山梨、岐阜、沖縄の5県となっている。また入所率が95％以上は、岩手、石川、島根、大分、宮崎の5県である。

　図表2は、回収率100％未満の19都府県の養護老人ホームの入所率で、全国

図表1　回収率100％の28道県の養護老人ホームの入所状況

都道府県名	所在施設数	合　計			全国入所率－県入所率
		定　員	現員数	入所率（％）	
北海道	58	4,594	4,287	93.3	3.4
青　森	10	675	624	92.4	2.5
岩　手	17	967	955	98.8	8.9
宮　城	9	716	642	89.7	－0.2
秋　田	16	1,060	988	93.2	3.3
山　形	13	1,030	929	90.2	0.3
福　島	14	1,185	1,055	89.0	－0.9
茨　城	14	920	753	81.8	－8.1
栃　木	12	778	611	78.5	－11.4
群　馬	17	960	843	87.8	－2.1
千　葉	22	1,320	1,127	85.4	－4.5
富　山	4	380	262	68.9	－21.0
石　川	9	700	668	95.4	5.5
山　梨	11	635	458	72.1	－17.8
岐　阜	22	1,181	886	75.0	－14.9
滋　賀	7	525	465	88.6	－1.3
奈　良	12	825	684	82.9	－7.0
島　根	23	1,272	1,242	97.6	7.7
山　口	22	1,390	1,184	85.2	－4.7
高　知	11	763	724	94.9	5.0
福　岡	40	2,632	2,304	87.5	－2.4
佐　賀	12	877	777	88.6	－1.3
長　崎	32	1,850	1,660	89.7	－0.2
熊　本	37	1,910	1,745	91.4	1.5
大　分	19	1,095	1,065	97.3	7.4
宮　崎	33	1,783	1,729	97.0	7.1
鹿児島	39	2,335	2,172	93.0	3.1
沖　縄	6	300	159	53.0	－36.9

出典：（全国老人福祉施設協議会、2019）より、一部修正。

図表2　回収率100％未満の19都府県の養護老人ホームの入所率（参考）

都道府県名	所在施設数	回答施設数	回答率（%）	合計 定員	合計 現員数	合計 入所率（%）	全国入所率－県入所率
埼　玉	18	15	83.3	1,004	825	82.2	−7.7
東　京	32	30	93.8	3,331	3,209	96.3	6.4
神奈川	18	9	50.0	578	565	97.8	7.9
新　潟	17	11	64.7	800	704	88.0	−1.9
福　井	9	8	88.9	440	387	88.0	−1.9
長　野	26	11	42.3	660	639	96.8	6.9
静　岡	26	24	92.3	1,558	1,233	79.1	−10.8
愛　知	31	29	93.5	1,996	1,742	87.3	−2.6
三　重	21	19	90.5	1,200	1,104	92.0	2.1
京　都	16	15	93.8	970	954	98.4	8.5
大　阪	30	24	80.0	2,014	1,804	89.6	−0.3
兵　庫	42	38	90.5	2,503	2,246	89.7	−0.2
和歌山	14	13	92.9	892	810	90.8	0.9
鳥　取	4	3	75.0	280	279	99.6	9.7
岡　山	24	21	87.5	1,242	1,084	87.3	−2.6
広　島	31	27	87.1	1,538	1,512	98.3	8.4
徳　島	19	16	84.2	830	731	88.1	−1.8
香　川	11	10	90.9	785	701	89.3	−0.6
愛　媛	23	20	87.0	1,324	1,145	86.5	−3.4

出典：図表1に同じ。一部修正。

老施協としては参考値として示しているものである。図表中の「全国入所率－県入所率」を見ると、マイナスの県は、静岡県がマイナス10.8ポイント、次いで埼玉県がマイナス7.7ポイント、愛媛県がマイナス3.4ポイントとなっている。他方、入所率がプラスの県は、鳥取県が9.7ポイントと最も高く、次いで京都府8.5ポイント、広島県8.4ポイント、神奈川県7.9ポイントとなっている。

　図表3は、回収率100％の28道県における養護老人ホームの市町村による措置と受入の状況を見たものである。養護老人ホームが所在する市町村（「所在地市町村」）は、1市町村当たり66.1人の措置者数であるのに対し、所在しない市町村（「非所在地市町村」）では、1市町村当たり6.0人の措置者数となっている。両者の措置者数の差は、1市町村当たり約60人となっている。

図表3　回収率100％の28道県における養護老人ホームの市町村による措置と受入の状況

分　類		①所在地での処置	②県内への措置	③県外への措置	措置者数合計①+②+③	④県内からの受入	⑤県外からの受入
全市町村 （1,071）		22,201	8,034	386	30,621 (28.6)	8,040	757
全市町村	所在地市町村 （403）	22,201	4,116	312	26,629 (66.1)	8,040	757
	非所在地市町村 （668）	0	3,918	74	3,992 (6.0)	0	0

注：　1　分類のカッコ内は該当する市町村数
　　　2　措置者数合計のカッコ内は1市町村当たりの措置者数
出典：図表1に同じ。

　図表4は、回収率100％の28道県における市町村内に養護老人ホームがない市町村（非所在地市町村）の措置状況を見たものであるが、養護老人ホームが所在しない668町村のうち、108市町村（16.2%）は措置者数がゼロとなっている。また、この28道県の全市町村1071のなかで、措置がされていない市町村数が108であるので、その割合は1割（10.1%）となる。

　以上、全国老施協の「養護老人ホームの被措置者数に関する調査」結果のごく一部を紹介してきたに過ぎないが、措置の状況は地域によって大きな差があることが見えてきた。また、市町村によっては措置者数がまったくないところがあるが、その地域の生活困難を抱える高齢者の実情が気になる。そうした地方自治体では高齢者の生活困難をどのように認識しているのであろうか。

2 高齢者福祉政策の総合化

(1)　介護保険制度の導入、措置から契約へ

　老人福祉の措置施設である養護老人ホームは、2000年にスタートした介護保険制度の展開のなかで、その機能があまり注目されなくなってきた。それは、介護保険制度導入が議論されていた当時、措置制度が古い制度であり、契約方式の社会保険制度の方が新しい時代に適合したよりよいシステムだと主張されたことによる。本当にそうだったのであろうか。

図表4　回収率100%の28道県における市町村内に養護老人ホームがない市町村（非所在地市町村）の措置状況

道　県	措置者数ゼロ市町村数	非所在地市町村数	措置者ゼロ市町村数／非所在地市町村数（％）	措置者ゼロの108市町村に占める割合（％）
28道県	108	668	16.2	100.0
北海道	31	131	23.7	28.7
青　森	5	32	15.6	4.6
岩　手	1	20	5.0	0.9
宮　城	4	28	14.3	3.7
秋　田	3	13	23.1	2.8
福　島	12	47	25.5	11.1
栃　木	1	14	7.1	0.9
群　馬	3	23	13.0	2.8
千　葉	5	36	13.9	4.6
富　山	3	12	25.0	2.8
山　梨	2	20	10.0	1.9
岐　阜	4	21	19.0	3.7
奈　良	3	27	11.1	2.8
高　知	1	25	4.0	0.9
福　岡	7	31	22.6	6.5
大　分	1	3	33.3	0.9
宮　崎	1	7	14.3	0.9
鹿児島	5	16	31.3	4.6
沖　縄	16	35	45.7	14.8
山　形	0	24	0.0	0.0
茨　城	0	32	0.0	0.0
石　川	0	13	0.0	0.0
滋　賀	0	13	0.0	0.0
島　根	0	3	0.0	0.0
山　口	0	4	0.0	0.0
佐　賀	0	11	0.0	0.0
長　崎	0	6	0.0	0.0
熊　本	0	21	0.0	0.0

出典：図表1に同じ。

わが国において公的介護保険をつくるという方向が最初に示された文書は、1994年9月の社会保障将来像委員会の「第二次報告」においてであった。しかし制度の基本的考え方については、1994年12月の厚生省「高齢者介護・自立支援システム研究会」の『新たな高齢者介護システムの構築を目指して』において示されたと言ってよい。

　この研究会の報告書では、おおむね次のように主張されていた。すなわち、これまでの社会福祉である措置制度ではサービスを国民の側が選択できず、行政側が一方的に決定するものであること、また社会保険制度の方が社会福祉制度よりも権利性が高いこと、以上の理由から介護問題への対応については、措置ではなく社会保険に切り替えた方がよいとされた。

　この考え方をもとに厚生大臣の諮問機関である老人保健福祉審議会において介護保険制度の中身が検討され、1997年12月に国会で法が成立し、2000年4月からサービスがスタートした。

　さらに介護保険制度の基本的方向を社会福祉全体に拡大するということで、当時の厚生省が「社会福祉基礎構造改革」を推進した。1998年6月、中央社会福祉審議会社会福祉構造改革分科会の「社会福祉基礎構造改革について（中間まとめ）」においては、次のように述べていた。

　この「中間まとめ」では、まず、「改革の必要性」として、今日の社会福祉制度は、「戦後間もない時期において、戦争被災者、引揚者などが急増する中で、生活困窮者対策を中心として出発し」たものだとし、次のように述べている。
「今日、社会福祉に対する国民の意識も大きく変化している。社会福祉制度についても、かつてのような限られた者の保護・救済にとどまらず、国民全体を対象として、その生活の安定を支える役割を果たしていくことが期待されている。

　こうした期待に応えていくためには、社会・経済の構造変化に対応し、必要な福祉サービスを的確に提供できるよう、社会福祉の新たな枠組みを作り上げていく必要がある。……しかしながら、社会福祉の基礎構造ともいえる社会福祉事業、社会福祉法人、福祉事務所などについては、戦後50年の間、基本的な枠組みに変更が加えられていない。……今こそ、社会福祉の基礎構造全般につ

いて抜本的な改革を実行し、強化を図っていく必要がある。」と。

　改革の内容として、行政処分である措置制度から、「個人が自ら選択し、それを提供者との契約により利用する制度への転換」、多様なサービス供給主体の参入促進、市場原理の活用ということが示された。

　こうした方向が2000年５月に社会福祉法として成立し、具体化されたのである。この法の中心的ねらいは、公的施策を「支援費の支給」という、いわば〈経済給付〉に限定し、あとは国民各自による企業も含む民間サービスの自由な購入に任せるという考え方であった。実際には、このとおりにすべてなったわけではないが、介護保険制度そしてこの社会福祉基礎構造改革が進むなかで、措置制度、福祉サービスは軽視されることになったことは事実である。

(2)　高齢者福祉施策の縮小と求められる政策の総合化

　介護保険制度がスタートして以降、社会福祉制度は大きな変化をしてきている。措置の施設、福祉施設としての養護老人ホームもいろいろな変化を迫られることになった。福祉の措置、福祉制度そのものが、あたかも時代遅れ、古いものという考えが言われて、養護老人ホームは注目されなくなった。

　養護老人ホームに重大な変化を与えたのは、2005年度からの養護老人ホームの国と県の保護費負担金が廃止され、保護費が基礎自治体の一般財源へ移行されたことである。地方自治体によっては、介護保険中心に高齢者施策が展開され、措置に目が行き届かない事態が進行した。すでに触れた全国老施協の「養護老人ホームの被措置者数に関する調査」結果に見られるように、地方自治体ごとに措置の状況がかなり異なる事態が生まれてきたのである。

　2005年は、また介護保険制度の見直しが行われた年である。見直しの結果、翌年４月、介護保険制度の中に新たに「地域支援事業」が創設された。この地域支援事業の開始に伴い、それまでの「介護予防・地域支えあい事業」（年間予算約400億円）が廃止されることになった。介護予防に関係するサービスについては、一部、地域支援事業に移行されたが、それまでの高齢者のための在宅福祉サービスは消滅したのである。

　地域支援事業の中核を担う機関は「地域包括支援センター」とされた。ほとんどの自治体では在宅介護支援センターを地域包括支援センターに移行させ

た。地域包括支援センターは、その目的として、高齢者の生活を総合的に支えていくこととなっているが、実際には、〈できるだけ地域住民が要介護・要支援とならないように〉することに重点がおかれている。サービスとして、総合相談、権利擁護や介護以外の生活支援サービスとの調整が掲げられているが、センターの職員体制では、総合的な対応はできない状況であった。結局、地域包括支援センターの事業は介護予防中心となっていった。

さらに、2007年度には国家予算から「老人福祉費」という項目が廃止された。このことはあまり知られていない。このとき、「高齢者日常生活支援事業等推進費」という費目が新設されたが、その内容は団体補助的な予算が中心で、本来の老人福祉の事業費とはいえないものである。

こうして高齢者福祉政策は問題を総合的に捉える視点が弱まり、介護問題を中心に展開されることとなって今日に至っている。しかし重要なことは、高齢者の生活困難とは介護問題のみではないということである。改めて、高齢者政策の総合化、高齢者の生活困難全体を対象にした施策のあり方の再構築が求められている。

③ 高齢者の生活困難と介護問題

厚生労働省の「介護保険事業状況報告（暫定）」によれば、2019年1月末現在、第1号被保険者数は3518万人、要介護（要支援）認定者数は656万人となっている。したがって、第1号被保険者に対する65歳以上の認定者数の割合は18.3％となる。要介護認定を受けた者全員が介護保険のサービスを利用するわけではない。そこで、その利用率を80％とすると、サービス利用率は14.6％となる。つまり、65歳以上高齢者のなかで介護保険のサービスを利用している者は1割半ということになる。

このように介護保険制度は、およそ1割半の高齢者を対象に、高齢期の生活困難の一部である介護の課題についてカバーするにとどまっている。高齢者の生活上で起こる問題は介護問題だけではない。第1章で、2011年に実施した東京都港区のひとり暮らし高齢者の全数調査を紹介した。調査結果によれば、港区のひとり暮らし高齢者の内、介護保険サービスを利用している者は15.7％

7　高齢者の生活困難に立ち向かう養護老人ホーム　189

（無回答2.7%）であった。この調査を通して、ひとり暮らし高齢者のなかで制度を利用している人は多くないことが明らかになった。そこで港区は、潜在化し、孤立している高齢者へのアウトリーチシステムとして「ふれあい相談員」の制度を創設した。この制度の対象は介護保険制度や福祉サービスを利用していないひとり暮らし高齢者で、行政としてそうした制度未利用者をリストアップし、ふれあい相談員が全数訪問するシステムである。ふれあい相談員は港区の全地区すなわち5地区の地域包括支援センターに2名ずつ、合計10名が配置された。2012年度のことである。予約なしの訪問は、非常に困難を伴うものであったが、徐々にいろいろな潜在化していた問題を発見し、制度につなげている。2015年度のふれあい相談員の活動実績を見ると、ひとり暮らし高齢者の訪問対象数は、4490人、面会率は94.2%である。

　また、第1章で紹介しているが、2012年に港区が実施した75歳以上高齢者を含む2人世帯への全数調査の結果から、家族と同居している世帯にも課題が多いことが明らかになり、ふれあい相談員の訪問対象に「複数の75歳以上の高齢者のみで構成される世帯」が追加された。2015年度の訪問対象数は1561世帯、面会率は96.9%となっている。なお、ふれあい相談員は、現在1名増員され、合計11名となっている。

　港区という地方自治体が創設したふれあい相談員の制度（財源のほとんどは東京都の補助金）は、地域の高齢者の生活困難全体を行政側から把握するシステムである。このシステムの前提には、困難を抱える高齢者のなかには、制度を自主的に利用しようとはしない人が多いのではないかという考えがある。

　養護老人ホームの措置に至る高齢者の生活困難にも同じことが言えるのではないか。単身高齢者の増加が見込まれる現代では、声をあげないがゆえに潜在化している高齢者の問題に、どのように迫るのかが地方自治体そして地域に問われている。

　第3章において紹介している『サテライト型養護老人ホーム等の展開に向けた基準のあり方等に関する調査研究事業』（2017年度）の一環で行われた全地方自治体への調査（回収数1028、回収率57.5%）を見ると、養護老人ホームの入所対象と考えられる高齢者の相談内容を尋ねたところ（複数回答、回収数）、「低所得の単身世帯や高齢者世帯、単身の子と片親世帯など養護者機能の低い世帯に

関する相談」（80.5％）や「認知機能の低下・精神疾患・知的障害等により社会生活が困難な高齢者に関する相談」（82.4％）、「生活管理能力が低下した高齢者に関する相談」（71.6％）、「高齢者虐待など家族関係に問題のある世帯に関する相談」（77.7％）、「病院・施設等の退院・退所後に居所の確保が難しい高齢者に関する相談」（69.9％）といった相談が、７割以上の自治体に寄せられていた。

　また、第３章での紹介と重なるが、自治体に「措置理由」を聞いた設問（複数回答、回答数934）では、「身体機能の低下」や「認知機能の低下や精神的理由による社会生活困難」、「家族等の介護負担」がおよそ50％台、次に、「病院・施設の退院・退所後の住まいがない」と「家族等の虐待」が約３割となっている。

　以上のような地方自治体の高齢者相談、そして養護老人ホームへの措置理由から見えてくる高齢者の様々な生活困難の内容を解決するために、「老人福祉施設」のなかでも、養護老人ホームは、非常に重要な役割を担っている。

④ 高齢者の生活困難に立ち向かう養護老人ホーム

　高齢者の生活困難の量と質は、時代によって異なる。そしてその生活困難のすべてが制度の対象となるわけではない。生活上の問題の一定部分が切り取られ、制度対象となる。さらには、制度対象であってもサービスに結びついたり、結びつかなかったりすることもある。このことのゆえに、地域で問題を抱えているにもかかわらず、制度を知らず、利用しようとも思わない高齢者の存在に、高齢者福祉の専門家、自治体職員はもっと注意を向ける必要がある。

　措置権をもつ地方自治体のあり方が問われるが、同時に養護老人ホームの地域における福祉施設としての役割、あり方が問われている。

　地方自治体の高齢者施策を考える場合、すでに述べたとおり、介護保険サービスの利用者は65歳以上高齢者の１割半程度であるということを、まずは認識しなければならない。残りの８割半の高齢者の生活上で起こっている困難の実態を把握する努力が求められている。自治体によって組織名は異なるであろうが、高齢者を支援する担当課（係）の役割をもっと重視したい。本書でも、地方自治体の高齢者支援課に寄せられる相談内容を紹介しているが、そうした窓

口での相談以外の「声なき声」、相談に至らない地域住民が抱える問題も多くあり、それらを見る目が大切であろう。

　他方、養護老人ホームが地域の高齢者の生活困難に立ち向かう場合、施設内での高齢者への日々の支援の充実を図りつつ、地域との積極的連携がますます大切となるであろう。例えば、自治体との連携、地域ケア会議への参加、民生委員との連携、地域住民との関わり、社会福祉協議会との連携、医療機関との連携、介護サービス事業者との連携、近隣の社会福祉法人やNPO等との連携等である。

　改めて、養護老人ホームは老人福祉の措置施設としての存在価値をもった施設として、専門性に基づいた支援の充実と発展が求められている。

［引用・参考文献］

一般財団法人日本総合研究所（2018）「平成29年度厚生労働省老人保健推進費等補助金　老人保健健康増進等事業「サテライト型養護老人ホーム等の展開に向けた基準のあり方等に関する調査研究報告書」

公益社団法人全国老人福祉施設協議会（2017）「養護老人ホーム・軽費老人ホームの低所得高齢者への効果的な支援のあり方に関する調査研究報告書」

公益社団法人全国老人福祉施設協議会（2019）「養護老人ホームの被措置者数に関する調査【結果報告】」

港区政策創造研究所（2012）『港区におけるひとり暮らし高齢者の生活と意識に関する調査報告書』

港区政策創造研究所（2013）『港区における75歳以上高齢者を含む2人世帯の生活に関する調査報告書』

山形県民生委員児童委員協議会（2012）『山形県におけるひとり暮らし高齢者の生活と意識に関する調査報告書』

あとがき

　本書は、編者らが「厚生労働省老人保健推進費補助金　老人保健健康増進等事業」の養護老人ホームに関する調査研究事業での出会いを契機とし、養護老人ホーム研究会を立ち上げたことからスタートしました。研究会は明治学院大学白金校舎の河合研究室を拠点に、これまでの養護老人ホームの果たしてきた役割を再確認しつつ、現代の養護老人ホームの施設整備や職員体制、支援の実態から、措置権者としての自治体の役割、介護保険制度による制度的影響に至るまで、ミクロからマクロまでの視点で、多様化する高齢者の生活困難と施設のあり方について議論を重ねてきました。

　本書の大きな特徴は、研究者による執筆だけではなく、養護老人ホームで奮闘している多数の施設役職員、措置権者である自治体役職員の執筆協力を得られたことです。これにより、養護老人ホームのおかれている現状と課題をリアル感のある立体的な実像として読者に示すことができたのではないかと考えています。

　これまで、現代の養護老人ホームについてまとめられた書物は一冊もありません。それゆえ編者としては、世に一石を投じる責任の重さを実感しています。ともあれ多数の施設関係者の"養護"老人ホームにかける熱き思い、そして4市町村行政側からの役割と課題認識がこのように一冊の本として集大成できたことは感慨深いものがあります。本書が施設役職員にとどまらず、地域の関係者や学生にも読まれ、養護老人ホームへの理解と関心が広がることが、編者一同の切なる願いです。

　最後に、お忙しい本業のかたわらご執筆いただいた方々、そして本書をまとめるにあたり、資料の提供や執筆依頼等で多大なるご協力をたまわりました公益社団法人全国老人福祉施設協議会　介護保険事業等経営委員会　養護老人ホーム部会の関係者の方々に、この場を借りて心より感謝申し上げます。

　2019年7月

編者一同

巻末資料

老人福祉法（抜粋）
養護老人ホームの設備及び運営に関する基準（抜粋）

老人福祉法（昭和三十八年七月十一日）

第一章　総則
（目的）
第一条　この法律は、老人の福祉に関する原理を明らかにするとともに、老人に対し、その心身の健康の保持及び生活の安定のために必要な措置を講じ、もつて老人の福祉を図ることを目的とする。
（基本的理念）
第二条　老人は、多年にわたり社会の進展に寄与してきた者として、かつ、豊富な知識と経験を有する者として敬愛されるとともに、生きがいを持てる健全で安らかな生活を保障されるものとする。（略）
第五条の三　この法律において、「老人福祉施設」とは、老人デイサービスセンター、老人短期入所施設、養護老人ホーム、特別養護老人ホーム、軽費老人ホーム、老人福祉センター及び老人介護支援センターをいう。（略）
（老人ホームへの入所等）
第十一条　市町村は、必要に応じて、次の措置を採らなければならない。

　一　六十五歳以上の者であつて、環境上の理由及び経済的理由（政令で定めるものに限る。）により居宅において養護を受けることが困難なものを当該市町村の設置する養護老人ホームに入所させ、又は当該市町村以外の者の設置する養護老人ホームに入所を委託すること。

　二　六十五歳以上の者であつて、身体上又は精神上著しい障害があるために常時の介護を必要とし、かつ、居宅においてこれを受けることが困難なものが、やむを得ない事由により介護保険法に規定する地域密着型介護老人福祉施設又は介護老人福祉施設に入所することが著しく困難であると認めるときは、その者を当該市町村の設置する特別養護老人ホームに入所させ、又は当該市町村以外の者の設置する特別養護老人ホームに入所を委託すること。

　三　六十五歳以上の者であつて、養護者がないか、又は養護者があつてもこれに養護させることが不適当であると認められるものの養護を養護受託者（老人を自己の下に預つて養護することを希望する者であつて、市町村長が適当と認めるものをいう。以下同じ。）のうち政令で定めるものに委託すること。

2　市町村は、前項の規定により養護老人ホーム若しくは特別養護老人ホームに入所させ、若しくは入所を委託し、又はその養護を養護受託者に委託した者が死亡した場合において、その葬祭（葬祭のために必要な処理を含む。以下同じ。）を行う者がないときは、その葬祭を行い、又はその者を入所させ、若しくは養護していた養護老人ホーム、特別養護老人ホーム若しくは養護受託者にその葬祭を行うことを委託する措置を採ることができる。

養護老人ホームの設備及び運営に関する基準

（昭和四十一年厚生省令第十九号）

老人福祉法（昭和三十八年法律第百三十三号）第十七条第一項の規定に基づき、養護老人ホーム及び特別養護老人ホームの設備及び運営に関する基準を次のとおり定める。

（基本方針）

第二条　養護老人ホームは、入所者の処遇に関する計画（以下「処遇計画」という。）に基づき、社会復帰の促進及び自立のために必要な指導及び訓練その他の援助を行うことにより、入所者がその有する能力に応じ自立した日常生活を営むことができるようにすることを目指すものでなければならない。

2　養護老人ホームは、入所者の意思及び人格を尊重し、常にその者の立場に立つて処遇を行うように努めなければならない。

3　養護老人ホームは、明るく家庭的な雰囲気を有し、地域や家庭との結び付きを重視した運営を行い、社会福祉事業に関する熱意及び能力を有する職員による適切な処遇に努めるとともに、市町村（特別区を含む。以下同じ。）、老人の福祉を増進することを目的とする事業を行う者その他の保健医療サービス又は福祉サービスを提供する者との密接な連携に努めなければならない。（略）

（職員の資格要件）

第五条　養護老人ホームの長（以下「施設長」という。）は、社会福祉法（昭和二十六年法律第四十五号）第十九条第一項各号のいずれかに該当する者若しくは社会福祉事業に二年以上従事した者又はこれらと同等以上の能力を有すると認められる者でなければならない。

2　生活相談員は、社会福祉法第十九条第一項各号のいずれかに該当する者又はこれと同等以上の能力を有すると認められる者でなけ

ればならない。

（職員の専従）

第六条　養護老人ホームの職員は、もつぱら当該養護老人ホームの職務に従事することができる者をもつて充てなければならない。ただし、入所者の処遇に支障がない場合には、この限りでない。

（運営規程）

第七条　養護老人ホームは、次に掲げる施設の運営についての重要事項に関する規程を定めておかなければならない。

　一　施設の目的及び運営の方針

　二　職員の職種、数及び職務の内容

　三　入所定員

　四　入所者の処遇の内容

　五　施設の利用に当たつての留意事項

　六　非常災害対策

　七　その他施設の運営に関する重要事項
　（略）

（記録の整備）

第九条　養護老人ホームは、設備、職員及び会計に関する諸記録を整備しておかなければならない。

2　養護老人ホームは、入所者の処遇の状況に関する次の各号に掲げる記録を整備し、その完結の日から二年間保存しなければならない。

　一　処遇計画

　二　行つた具体的な処遇の内容等の記録

　三　第十六条第五項に規定する身体的拘束等の態様及び時間、その際の入所者の心身の状況並びに緊急やむを得ない理由の記録

　四　第二十七条第二項に規定する苦情の内容等の記録

　五　第二十九条第三項に規定する事故の状況及び事故に際して採つた処置についての記録（略）

（居室の定員）

第十三条　一の居室の定員は、一人とする。ただし、入所者への処遇上必要と認められる場合には、二人とすることができる。

（入退所）

第十四条 養護老人ホームは、入所予定者の入所に際しては、その者の心身の状況、生活歴、病歴等の把握に努めなければならない。

2 養護老人ホームは、入所者の心身の状況、その置かれている環境等に照らし、その者が居宅において日常生活を営むことができるかどうかについて常に配慮しなければならない。

3 養護老人ホームは、その心身の状況、その置かれている環境等に照らし、居宅において日常生活を営むことができると認められる入所者に対し、その者及びその家族の希望、その者が退所後に置かれることとなる生活環境等を勘案し、その者の円滑な退所のために必要な援助に努めなければならない。

4 養護老人ホームは、入所者の退所に際しては、保健医療サービス又は福祉サービスを提供する者との密接な連携に努めなければならない。

5 養護老人ホームは、入所者の退所後も、必要に応じ、当該入所者及びその家族等に対する相談援助を行うとともに、適切な援助に努めなければならない。

（処遇計画）

第十五条 養護老人ホームの施設長は、生活相談員に処遇計画の作成に関する業務を担当させるものとする。

2 生活相談員は、入所者について、その心身の状況、その置かれている環境、その者及びその家族の希望等を勘案し、他の職員と協議の上、その者の処遇計画を作成しなければならない。

3 生活相談員は、処遇計画について、入所者の処遇の状況等を勘案し、必要な見直しを行わなければならない。

（処遇の方針）

第十六条 養護老人ホームは、入所者について、その者が有する能力に応じ自立した日常生活を営むことができるように、その心身の状況等に応じて、社会復帰の促進及び自立の

ために必要な指導及び訓練その他の援助を妥当適切に行わなければならない。

2 入所者の処遇は、処遇計画に基づき、漫然かつ画一的なものとならないよう配慮して、行わなければならない。

3 養護老人ホームの職員は、入所者の処遇に当たつては、懇切丁寧に行うことを旨とし、入所者又はその家族に対し、処遇上必要な事項について、理解しやすいように説明を行わなければならない。

4 養護老人ホームは、入所者の処遇に当たつては、当該入所者又は他の入所者等の生命又は身体を保護するため緊急やむを得ない場合を除き、身体的拘束その他入所者の行動を制限する行為（以下「身体的拘束等」という。）を行つてはならない。

5 養護老人ホームは、身体的拘束等を行う場合には、その態様及び時間、その際の入所者の心身の状況並びに緊急やむを得ない理由を記録しなければならない。（略）

（生活相談等）

第十八条 養護老人ホームは、常に入所者の心身の状況、その置かれている環境等の的確な把握に努め、入所者又はその家族に対し、その相談に適切に応じるとともに、必要な助言その他の援助を行わなければならない。

2 養護老人ホームは、入所者に対し、処遇計画に基づき、自立した日常生活を営むために必要な指導及び訓練その他の援助を行わなければならない。

3 養護老人ホームは、要介護認定（介護保険法（平成九年法律第百二十三号）第十九条第一項に規定する要介護認定をいう。）の申請等、入所者が日常生活を営むのに必要な行政機関等に対する手続について、その者又はその家族において行うことが困難である場合は、当該入所者の意思を踏まえて速やかに必要な支援を行わなければならない。

4 養護老人ホームは、常に入所者の家族との連携を図るとともに、入所者とその家族との交流等の機会を確保するよう努めなければ

ならない。

5　養護老人ホームは、入所者の外出の機会を確保するよう努めなければならない。

6　養護老人ホームは、入所者に対し、退所後の地域における生活を念頭に置きつつ、自立的な生活に必要な援助を適切に行わなければならない。

7　養護老人ホームは、一週間に二回以上、入所者を入浴させ、又は清しきしなければならない。

8　養護老人ホームは、教養娯楽設備等を備えるほか、適宜レクリエーション行事を行わなければならない。（略）

（生活相談員の責務）

第二十二条　生活相談員は、処遇計画を作成し、それに沿つた支援が行われるよう必要な調整を行うほか、次に掲げる業務を行わなければならない。

一　入所者の居宅サービス等の利用に際し、介護保険法第八条第二十四項に規定する居宅サービス計画又は同法第八条の二第十六項に規定する介護予防サービス計画の作成等に資するため、同法第八条第二十四項に規定する居宅介護支援事業又は同法第八条の二第十六項に規定する介護予防支援事業を行う者と密接な連携を図るほか、居宅サービス等その他の保健医療サービス又は福祉サービスを提供する者との連携に努めること。

二　第二十七条第二項に規定する苦情の内容等の記録を行うこと。

三　第二十九条第三項に規定する事故の状況及び事故に際して採つた措置についての記録を行うこと。

2　主任生活相談員は、前項に規定する業務のほか、養護老人ホームへの入所に際しての調整、他の生活相談員に対する技術指導等の内容の管理を行うものとする。

3　指定特定施設入居者生活介護、指定地域密着型特定施設入居者生活介護又は指定介護予防特定施設入居者生活介護を行う養護老人ホームであつて、第十二条第一項第三号の規定に基づく生活相談員を置いていない場合にあつては、主任支援員が前二項に掲げる業務を行うものとする。

（勤務体制の確保等）

第二十三条　養護老人ホームは、入所者に対し、適切な処遇を行うことができるよう、職員の勤務の体制を定めておかなければならない。

2　前項の職員の勤務体制を定めるに当たつては、入所者が安心して日常生活を送るために継続性を重視した処遇を行うことができるよう配慮しなければならない。

3　養護老人ホームは、職員に対し、その資質の向上のための研修の機会を確保しなければならない。（略）

（地域との連携等）

第二十八条　養護老人ホームは、その運営に当たつては、地域住民又はその自発的な活動等との連携及び協力を行う等の地域との交流を図らなければならない。

2　養護老人ホームは、その運営に当たつては、その措置に関する入所者からの苦情に関して、市町村等が派遣する者が相談及び援助を行う事業その他の市町村が実施する事業に協力するよう努めなければならない。（略）

■執筆者紹介（執筆順，＊は編者）

＊河合　克義　明治学院大学学長特別補佐・名誉教授　　はじめに、**1**、**5**（導入）、**7**

＊清水　正美　城西国際大学福祉総合学部教授　　**2**、**4**（導入）

＊中野いずみ　東海大学健康学部教授　　**3**①・②、**6**①・③

＊平岡　毅　社会福祉法人カトリック聖ヨゼフ・ホーム　**3**③、**4**（聖ヨゼフ・ホーム）、
　　　　　　理事・総合施設長　　**5**（御所市、一般財源化の影響と対応）

大山　知子　社会福祉法人蓬愛会理事長　　**4**（アオーラ而今）

寺井　孝典　社会福祉法人徳風会養護老人ホーム　　**4**（かるな和順）
　　　　　　かるな和順事務長

常盤　勝範　特定非営利活動法人全国盲老人福祉　　**4**（慈母園）
　　　　　　施設連絡協議会事務局長

吉田　峰子　葛飾区福祉部高齢者支援課課長　　**5**（葛飾区）

中山　泰男　社会福祉法人リデルライトホーム養護　　**5**（熊本市、合志市）
　　　　　　老人ホームライトホーム施設長

志村　靖子　養護老人ホーム白寿荘副施設長・主任生活相談員　　**6**②①

瀬尾　享弘　京都府立洛南寮（養護老人ホーム）　　**6**②②
　　　　　　養護課課長・特定施設管理者

井口　妙子　京都府立洛南寮（養護老人ホーム）　　**6**②②
　　　　　　主任生活相談員・計画作成担当者

Horitsu Bunka Sha

高齢者の生活困難と養護老人ホーム
──尊厳と人権を守るために

2019年9月10日　初版第1刷発行

編　者	河合克義・清水正美 中野いずみ・平岡　毅
発行者	田靡純子
発行所	株式会社　法律文化社

〒603-8053
京都市北区上賀茂岩ヶ垣内町71
電話 075(791)7131　FAX 075(721)8400
http://www.hou-bun.com/

印刷：西濃印刷㈱／製本：㈱藤沢製本
装幀：仁井谷伴子

ISBN 978-4-589-04025-1

Ⓒ2019　K. Kawai, M. Shimizu, I. Nakano, T. Hiraoka
Printed in Japan

乱丁など不良本がありましたら、ご連絡下さい。送料小社負担にてお取り替えいたします。
本書についてのご意見・ご感想は、小社ウェブサイト、トップページの「読者カード」にてお聞かせ下さい。

JCOPY 〈出版者著作権管理機構　委託出版物〉

本書の無断複写は著作権法上での例外を除き禁じられています。複写される場合は、そのつど事前に、出版者著作権管理機構（電話 03-5244-5088、FAX 03-5244-5089、e-mail: info@jcopy.or.jp）の許諾を得て下さい。

埋橋孝文／同志社大学社会福祉教育・
研究支援センター編
貧困と生活困窮者支援
―ソーシャルワークの新展開―
A 5 判・210頁・3000円

相談援助活動の原点を、伴走型支援の提唱者である奥田知志氏の講演「問題解決しない支援」に探り、家計相談事業と学校／保育ソーシャルワークの実践例から方法と課題を明示。領域ごとに研究者が論点・争点をまとめ、理論と実践の好循環をめざす。

五石敬路・岩間伸之・西岡正次・有田 朗編
生活困窮者支援で社会を変える
A 5 判・236頁・2400円

福祉、雇用、教育、住宅等に関連した既存の制度や政策の不全に対して、生活困窮者支援をつうじて地域社会を変える必要性と、それを可能にするアイデアを提起する。「孤立と分断」に対するひとつの打開策を明示した書。

河合克義・菅野道生・板倉香子編著
社会的孤立問題への挑戦
―分析の視座と福祉実践―
A 5 判・284頁・2500円

高齢者、障害者、子育て、引きこもり、被災者…社会的孤立は日本社会が構造的に生みだした病理であり、生きづらさである。その実態と論点を多面的に整理・検証し、実践者による取り組みの報告を通し、福祉実践・政策のあり方を示す。

大友芳恵著
低所得高齢者の生活と尊厳軽視の実態
―死にゆきかたを選べない人びと―
A 5 判・210頁・3100円

都市・農村部、介護施設の高齢者の生活調査から、低所得での生活と不平等、貧困の実態を丹念に描出した実証的研究。「人生の終焉」のあり方について、尊厳という観点から高齢期の生活保障を捉え直す必要を提起。

河合克義・長谷川博康著
生活分析から政策形成へ
―地域調査の設計と分析・活用―
A 5 判・230頁・3300円

国民の生活実態を調査という手法を用いて把握し、その実態に根ざした政策を考え、新たな政策をつくるまでの手順を解説。実際のデータを素材に、調査の各段階を具体的に説明。社会福祉協議会や自治体職員、NPOに有益な一冊。

河合克義著
大都市のひとり暮らし
高齢者と社会的孤立
A 5 判・360頁・5400円

東京港区と横浜鶴見区での大規模かつ精緻な調査をもとに、ひとり暮らし高齢者の生活実態と孤立状況をあぶりだす。特に親族・地域ネットワークに焦点をあて、その質と量を分析。「全市区町村別ひとり暮らし高齢者出現率」など興味深い資料付き。

―法律文化社―

表示価格は本体(税別)価格です